Über den Autor

Otto Bürckner wurde am 10.05.1939 in Hannover geboren. Er absolvierte das Studium für das Lehramt am Gymnasium mit den Fächern Mathematik und Sport an der Technischen Hochschule Hannover. Von 1965 bis 1996 war er im niedersächsischen Schuldienst tätig, und zwar als Gymnasiallehrer, u. a. vier Jahre an der Deutschen Evangelischen Oberschule in Kairo (Ägypten), als Ausbilder für Mathematik an einem Studienseminar für Gymnasiallehrer und als Leiter eines Gymnasiums.

Von 1997 bis 2011 arbeitet er als Heilpraktiker und Hypnotherapeut in eigener Praxis.

Otto Bürckner

Hypnose

Eine faszinierende Welt
zwischen Realität und Fiktion

Eine Sammlung unglaublicher,
aber wahrer Heilungsgeschichten

© 2015 Otto Bürckner

ISBN: 978-3-7323-6244-8 (Paperback)
         978-3-7323-6245-5 (e-Book)
Verlag: tredition GmbH

Bildnachweis:
© Fotolia 45078133 | Urheber: Friedberg (Titel)
© Wolfgang G. Schneider, Warstein (Innen)

Printed in Germany

Bibliografische Information der Deutschen Nationalbibliothek:
Die Deutsche Nationalbibliothek verzeichnet diese Publikation in der Deutschen Nationalbibliografie; detaillierte bibliografische Daten sind im Internet über http://dnb.d-nb.de abrufbar.

Inhalt

Einstimmung

Es gibt kein Gebiet der Medizin im weitesten Sinne, der Psychotherapie im engeren Sinne, welches mit so vielen Vorurteilen behaftet ist, wie die Hypnotherapie. Und jeder Mensch ist bekanntlich geneigt, ein Vorurteil im Gegensatz zu einem fundierten Urteil wider besseres Wissen nicht aufzugeben! – Ein geradezu schmerzliches Ergebnis der Forschung der Sozialpsychologie!

Trotzdem ein Büchlein über Hypnotherapie? – Ein Kampf gegen Windmühlenflügel? – Hoffentlich nicht!

Ich möchte kein wissenschaftliches Werk über Hypnose bzw. Hypnotherapie schreiben. Aber ich wäre froh, wenn es mir gelänge, ein kleines Fünkchen von meiner eigenen Begeisterung über die Praxis der Hypnotherapie auf die zwei oder drei potenziellen Leser dieses Büchleins überspringen zu lassen. Ich möchte Sie ausdrücklich ermuntern: Lassen Sie sich, wenn Sie eine psychische Störung haben, von einem guten Hypnotherapeuten behandeln, der nach dem amerikanischen Psychiater Milton H. Erickson therapiert, anstatt sich mit Psychopharmaka zudröhnen zu lassen oder sich in eine endlose Psychoanalyse zu begeben. Übernehmen Sie wieder die volle Verantwortung für Ihr Leben und lassen Sie nicht den Therapeuten, sondern Ihr eigenes Unbewusstes in der Therapie die Regie führen!

Noch einmal: Ich möchte kein wissenschaftliches Werk über Hypnose oder Hypnotherapie schreiben. Aber ich möchte Sie ermuntern: Lassen Sie sich, wenn Sie psychische Probleme, eine psychische Störung, haben, von einem guten Hypnotherapeuten behandeln, der nach dem amerikanischen Psychiater Milton H. Erickson therapiert, anstatt Sie mit Psychopharmaka zuzudröhnen oder Sie jahrelang bei einer endlosen Psychoanalyse frei assoziieren zu lassen. Übernehmen Sie selbst die volle Verantwortung für Ihr Leben und lassen Sie nicht den Therapeuten, sondern Ihr eigenes Unbewusstes in der Therapie die Regie führen!

'Wem das Herz voll ist, dem fließt der Mund über'! So oder so ähnlich heißt ein altes Sprichwort. – Und es stimmt!

Schon lange gehe ich mit dem Gedanken schwanger, meinen Mund überfließen zu lassen. Aber die Zeit musste erst reif sein. – Jetzt ist sie reif!

Jetzt, nachdem ich mit Interesse das sehr lesenswerte Buch 'Die zahlreichen Leben der Seele' von Bian L. Weiss gelesen habe, nachdem ich seinen Kampf Brian L. Weiss gegen Brian L. Weiss nachvollzogen habe, nachdem mir seine Zweifel hinsichtlich der tatsächlichen Existenz und der wissenschaftlichen Nachweisbarkeit von Ereignissen aus früheren Leben aus der Seele gesprochen haben, ist die Zeit für mich reif. Aber auch die für mich immer wieder faszinierende Tatsache, dass es für das Unbewusste eines Patienten keinen Unterschied darstellt, ob es Ereignisse aus einem früheren Leben oder aus diesem Leben preisgibt, wenn sie denn für eine akute Störung verantwortlich sind, bestärkt mich in meinem Vorhaben, von meiner Erfahrung und meiner Begeisterung bezüglich der Hypnotherapie als nebenwirkungsfreie und erfolgversprechende Psychotherapie Zeugnis abzulegen.

Hypnose! – Von jeher ein Zauberwort für mich!
Als kleiner Junge hat mir meine Großmutter erzählt, sie habe in einem Varieté einmal einen Hypnotiseur erlebt, der eine Frau aus dem Publikum hypnotisiert habe.
Meine Großmutter, eine sehr einfach strukturierte Frau, hatte natürlich keine Ahnung, was das eigentlich war, Hypnotisieren oder Hypnose. Aber sie hat die Geschichte erzählt, wie sie sie erlebt hat, und es war für mich eine faszinierende Geschichte.
Was genau hat mich daran so fasziniert? Ich wusste es nicht. Aber ich nötigte meine Großmutter mehrfach dazu, diese Geschichte noch einmal zu erzählen. Und jedes Mal war ich wieder gleichermaßen fasziniert.

Ähnlich erging es mir ein paar Jahre früher mit dem Märchen von Schneeweißchen und Rosenrot. Obwohl ich jedes Wort auswendig kannte, musste meine Großmutter es immer und immer wieder erzählen. Und jedes Mal musste ich wieder weinen. Wie beim ersten Mal!

Und irgendwann – ich war schon ungefähr 45 Jahre alt – saß ich beim Zahnarzt und blätterte mehr oder weniger gelangweilt in einer Zeitschrift. Plötzlich klebte mein Blick wie elektrisiert an einer Anzeige:

HYPNOSE

Lassen Sie sich ausbilden

zum

HYPNOTISEUR

Wie in Trance ging ich zur Rezeption der Praxis, lieh mir einen Kugelschreiber aus und notierte mir die Telefonnummer. Drei Monate später war ich Hypnotiseur!

An dieser Stelle muss ich dringend etwas klarstellen: Der Mann, der das Seminar anbot, hatte irgendwo einmal das Hypnotisieren gelernt. Und den „Trick", wie man jemanden „just for fun" in Trance versetzt, gab er in einem Wochenendseminar weiter, ohne ihn selbst richtig verstanden zu haben.

Das hatte natürlich absolut nichts mit Hypno-Therapie zu tun.

Unnötig zu erklären, dass mich der hautnahe Kontakt mit der Hypnose natürlich faszinierte, dass ich mich toll fühlte, einen Menschen hypnotisieren zu können, dass mich aber diese 'Ausbildung' überhaupt nicht befriedigte.

Was machte man damals in grauer 'Vor-Internet-Zeit', also vor gut 30 Jahren, als mindestens mittelmäßig gebildeter Mitteleuropäer, wenn man über ein Phänomen etwas wissen wollte? – Ja, ich weiß, heute würde man als erstes googeln. Aber damals? Ich rede über die 'Vor-Google-Zeit'!

Ich jedenfalls ging in eine Bibliothek. Und so las ich nach und nach vieles über Hypnose. Richtiges und weniger Richtiges, Interessantes und weniger Interessantes. Und je mehr ich darüber las, desto mehr Hochachtung vor der Therapiemethode Hypnose bekam ich, und desto besser konnte ich beurteilen, dass meine oben erwähnte 'Ausbildung' absolut untauglich als Ausbildung zum Hypno-*Therapeuten* war!

Durch mein Studium der einschlägigen und weniger einschlägigen Literatur wusste ich, dass es neben weniger seriösen auch seriöse Ausbildungsinstitute für Hypnotherapie gibt. Und in einem solchen Institut, dem Milton-Erickson-Institut (MEG), habe ich dann nach langem Bemühen einen Ausbildungsplatz bekommen.

Wieso 'nach langem Bemühen'? Nun, dieses Institut bildete damals nach eigenen Aussagen nur Psychologen und Ärzte aus. 'Und eine Ausnahme für einen interessierten Laien gibt es nicht'! sagte man mir auf meine Anfrage. Durch einen Zufall (Ich bin überzeugt: Zufälle gibt es nicht!) erfuhr ich, dass das Institut auch Zahnärzte ausbildete. Allerdings sei die Zeit eines Zahnarztes im Rahmen einer Zahnbehandlung zu kostbar, um jeweils einige Minuten lang eine Trance zu induzieren. Deshalb nähmen nicht die Zahnärzte selbst, sondern ihre Zahnarzthelferinnen an einer solchen Ausbildung teil. So versetzte dann eine Helferin den Patienten B in eine zur Behandlung geeignete Trance, während der Herr Doktor noch schnell den Patienten A behandelte. Nach einigen nicht immer einfachen Diskussionen gelang es mir dann, als 'Hypnoseassistent in einer psychologischen Praxis' beim Milton-Erickson-Institut einen Ausbildungsplatz zu bekommen. Auch hier hatte die Lebensweisheit des alten Herrn Goethe gegriffen: 'Wer immer strebend sich bemüht, ...'

Seit dieser Zeit war ich fünfzehn Jahre in eigener Praxis als Heilpraktiker und Hynotherapeut tätig. Während dieser Tätigkeit ist meine Faszination der Hypnose gegenüber täglich gewachsen, genau genommen der Hypnotherapie nach Milton H. Erickson gegenüber.

Das große Verdienst von Milton H. Erickson – sehr knapp erklärt – liegt meines Erachtens darin, dass er den Therapeuten nicht als Allwissenden auftreten lässt und ihn ein für die aktuelle Störung verantwortliches Trauma quasi als Nadel im Heuhaufen finden lässt, sondern ihn lediglich als fach- und sachkundige Hilfestellung betrachtet, während er den Patienten selbst turnen lässt. Das heißt: Er geht davon aus, dass nur der Patient, und zwar sein Unbewusstes, selbst weiß, was genau für ihn ein Trauma darstellt und wann und wo es sich ereignet hat. Also gilt es, das Unbewusste des Patienten davon zu überzeugen, das Trauma preiszugeben. Das wird das Unbewusste aber erst dann tun, wenn es davon überzeugt ist, der Patient also so weit vorbereitet ist, dass die Aufdeckung seines Traumas keine erneute Traumatisierung bedeutet.

Das Unbewusste des Patienten als dessen Freund führt die Regie in der Therapie!

Und davon gibt dieses Büchlein Zeugnis an ausgewählten Beispielen.

Ein letztes Mal: Dies ist kein wissenschaftliches Werk über Hypnotherapie. Weit gefehlt! Mein 'Streit' mit mir selbst hinsichtlich der wissenschaftlichen Begründbarkeit des Explorierens von Traumata mittels Hypnose hat stattgefunden, bevor ich dieses Büchlein geschrieben habe. – Bei jedem verantwortungsbewussten Hypnotherapeuten gibt der Patient nicht die Verantwortung und vielleicht sogar die Würde mit dem Krankenkassenkärtchen an der Rezeption ab, sondern der folgende Satz von Milton H. Erickson ist ehernes Gesetz: „Das Unbewusste *des Patienten* führt die Regie!"

Dieses Büchlein soll Appetit machen und ihn nicht verderben. Es ist keine theoretische Abhandlung, sondern es erzählt wahre Geschichten, schildert Episoden und regt mit Metaphern zum Nachdenken an. – Nicht mehr und nicht weniger!

Der Mohr von Wales

Elisabeth Rauche wacht in Schweiß gebadet auf. Zunächst findet sie sich überhaupt nicht zurecht. Sie schaut sich mehrfach im Zimmer um, ehe sie begreift, dass sie sich in ihrem eigenen Schlafzimmer befindet. Der Wecker auf ihrem Nachttischchen zeigt 7:45 Uhr. Mit einem Satz springt sie aus dem Bett. Taumelnd steht sie davor und hält sich am Bettpfosten fest, um nicht zu stürzen.

„Verdammt! Ich habe verschlafen!"

Es schießt ihr durch den Kopf, dass sie längst ihre Tochter Betty zur Schule gebracht haben müsste und auf dem Weg zur Arbeit hätte sein müssen. Ihr ist schwindelig. Das ist ihr immer, wenn sie zu schnell aufsteht. Aber das gibt sich, wenn sie einen Moment wartet. Sie ist sowieso zu spät dran. Da kommt es auf diesen Moment auch nicht mehr an.

Ganz allmählich merkt sie, dass ihr Gehirn im Begriff ist, zur Normalleistung überzugehen. Dann schießt es ihr durch den Kopf:

„Verflucht! – Heute ist ja Sonntag! Keine Arbeit! Keine Schule! – Wieso stehe ich dann schon so früh auf?"

Mit immer noch leicht wackeligen Knien geht sie in die Küche. Sie nimmt sich eine Saftflasche aus dem Kühlschrank, gießt sich ein bisschen in ein Glas und trinkt. Sie stellt das Glas ab und bleibt unschlüssig stehen.

„Was ist bloß los mit mir?" denkt sie. „Langsam glaube ich, ich werde verrückt. Das kann doch so nicht weitergehen!"

Elisabeth Rauche schaut kurz in das Zimmer ihrer zehnjährigen Tochter Betty. Diese liegt schlafend in ihrem Bett. Elisabeth geht wieder ins Schlafzimmer und legt sich wieder hin. Sie schaut an die Maserung der Holzdecke und lässt ihren Gedanken freien Lauf.

Vor einem Jahr hat sie sich von Harald, ihrem Mann, getrennt. Sie hat die vielen Liebschaften, die er neben ihr gehabt hat, nicht mehr ertragen können. Seit der Scheidung hat er sich rührend um Betty gekümmert.

Jedes zweite Wochenende hat Betty bei ihm und seiner Freundin verbracht. Seine Freundin ist eine nette, resolute Frau, die seine kleine Tochter auch mag. Elisabeth hat immer ein gutes Gefühl, wenn sie ihre Tochter am Freitagabend bei ihrem Exmann abgibt. Sie hat sie sogar vor einem knappen halben Jahr in die Obhut ihres Exmannes geben können, als sie zwei Wochen Urlaub gemacht hat. Und dass es Betty gefallen hat, hat sie daran gemerkt, dass sie ihr, als sie wieder zu Hause war, alle Erlebnisse mit leuchtenden Augen haarklein geschildert hat. Ein paar Gedanken hat sie sich schon gemacht, bevor sie in Urlaub gefahren ist. Aber im Nachhinein haben sich diese als unnötig herausgestellt. Darüber ist sie sehr froh.

Elisabeth hat ihren Urlaub sehr genossen. Sie ist mit ihrem kleinen Auto nach Calais gefahren, hat sich durch den Tunnel schleusen lassen und ist dann einfach durch die wunderschöne Landschaft von Devon und Cornwall gefahren. Abends hat sie sich immer bed and breakfast genommen, in einem Restaurant eine Kleinigkeit gegessen, und dann ist sie früh schlafen gegangen. Dadurch ist sie am nächsten Tag topfit gewesen. In der zweiten Woche ist sie dann nach Wales gefahren und hat sich einige alte Burgen angesehen. Sie liebt es, sich mit der Geschichte dieser alten Gemäuer zu beschäftigen. Und wenn sie dann über die Zinnen einer so alten Burg geblickt hat, dann sind in ihr Bilder von dem möglichen Leben und Treiben in dieser Burg hoch gekommen, und zwar so lebendig, als seien sie real.

Insgesamt ist es ein sehr erholsamer Urlaub gewesen. Eigentlich hat sie ja noch kurz vorher alles stornieren wollen. Sie hatte Angst, dass das alles viel zu teuer würde. Schließlich hat sie sich ja einer Umschulungsmaßnahme unterziehen wollen. Und da braucht sie sicher jeden Pfennig. Aber dann hat sie sich doch entschlossen, den Urlaub anzutreten, denn den hat sie dringend gebraucht. Sie hat einfach mal raus müssen! Im Nachhinein hat sie es nicht bereut.

Wenn da nur nicht immer dieser Albtraum wäre! – Plötzlich kommen ihr wieder die Bilder in den Kopf, die sie in der Nacht im Traum überfallen haben. Das ist schrecklich gewesen! Immer wieder sind die gleichen Bilder in ihr hoch gekommen. Sie ist dann in der Nacht aufgestanden und hat eine Tablette genommen, um sich etwas zu beruhigen. Aber kaum hat sie wieder im Bett gelegen, sind die gleichen Bilder wieder in ihr aufgestiegen:

Sie sieht einen weißen Leuchtturm. Während sie darauf zugeht, wächst in ihr eine Unruhe, die, je näher sie dem Leuchtturm kommt, immer mehr zur Angst wird. In den Leuchtturm führt eine schwarze Tür hinein. Trotz ihrer Angst geht sie hinein. Obwohl der Leuchtturm aus Glas ist, ist es im Innern stockfinster. Ihre Angst wächst. Sie geht die Wendeltreppe hoch. Dabei bemerkt sie plötzlich, dass sie sich gar nicht mehr im Leuchtturm befindet. Sie liegt auf einem Pferdewagen, der in stockdunkler Nacht über das Kopfsteinpflaster eines Hofes und dann aus dem Tor hinaus fährt. Rechts und links hört sie trotz des Rumpelns des Wagens Menschenstimmen.

Dann schiebt sich von links eine Art Netz über das Bild, und sie sieht schließlich überhaupt nichts mehr, nur ein einziges tiefes Schwarz. Sie hat Todesangst.

Ja, genau so hat sie es heute Nacht erlebt. Und nicht nur heute Nacht! In letzter Zeit hat sie diesen Traum immer häufiger. Es ist immer dasselbe, was sie träumt. Und immer dann, wenn sie auf diesem rumpelnden Pferdewagen liegt, kommt das tiefe Schwarz, und ihre Todesangst ist auf dem Höhepunkt. Und dann wacht sie auf. Dann ist sie immer wie in Schweiß gebadet und zunächst einmal völlig desorientiert.

Was mag das wohl bedeuten? Das kann doch nicht so weiter gehen! Vielleicht sollte sie sich professionelle Hilfe holen!

Ihre Gedanken werden unterbrochen, weil Betty in ihr Zimmer kommt. Sie kommt in ihr Bett und kuschelt sich an.

„Hast Du gut geschlafen, mein Schatz?" fragt sie ihre Tochter.

Diese antwortet nicht, sondern kuschelt sich noch mehr und noch fester an ihre Mutter.

„Hast Du geträumt?"

Betty antworte mit einem eher kläglichen „Ja!".

„Etwas Schönes?"

„Nein!"

„Das tut mir leid! Magst Du es mir erzählen?"

„Nein!"

„Dann stehen wir jetzt auf, holen Brötchen, und frühstücken dann ganz gemütlich, ja?"

Betty macht ein etwas unglückliches Gesicht, ist dann aber einverstanden.

***

Es klingelt an der Praxistür. Ich öffne die Tür.

„Guten Tag! – Frau Rauche, vermute ich."

„Guten Tag! Ja, Elisabeth Rauche. Ich habe einen Termin bei Ihnen. Ich bin wohl ein bisschen zu früh?"

„Das macht überhaupt nichts, Frau Rauche. Kommen Sie herein. – Bitte nehmen Sie Platz! Was kann ich für Sie tun?"

Elisabeth Rauche erzählt von ihren nächtlichen Albträumen und endet mit dem verzweifelt klingenden Satz:

„Ich glaube, ich werde verrückt!"

„Na, na! So schnell geht das nicht mit dem Verrücktwerden!" sage ich.

„Ich denke, da werden wir beide mit aller Macht versuchen, einen Riegel vorzuschieben."

Dann stelle ich ein paar gezielte Fragen und mache mir Notizen. Ich erfahre die Lebensgeschichte von Elisabeth bis hin zur Scheidung und ihrem letzten Urlaub.

Nachdem die Anamnese, die notwendigen Fragen der Abrechnung und die Frage, welche Therapieform hier sinnvoll ist, geklärt sind, versetze ich Elisabeth Rauche in Trance. Es dauert nur höchstens fünf Minuten, da befindet sie sich mitten in dem Geschehen ihres Traumes.

Da ist wieder der gläserne Leuchtturm, in dessen Innern es stockfinster ist, die Wendeltreppe, die Elisabeth aber nicht zu Ende geht. Dann befindet sie sich wieder auf einem rumpelnden Gefährt. Und wieder nimmt sie Stimmen wahr, die vom Straßenrand her kommen. Sie schreit laut. Sie zeigt alle Symptome größter Angst.

Ich suggeriere ihr, sie solle doch in der Zeit ein wenig zurück gehen, und zwar in die Zeit hinein, die vor diesem schrecklichen Ereignis liege, und davon solle sie erzählen.

Elisabeth wird sichtlich ruhiger. Allmählich beruhigt sich auch ihre Atmung. Ihre Gesichtszüge entspannen sich, und sie beginnt zu erzählen: „Ich sehe eine prachtvolle Burg."

„Wo befindet sich diese Burg?"

„Die Burg liegt auf einem Felsen. Von dort aus kann man weit über das Land und auch über das Meer blicken."

„Dann liegt die Burg also auch am Meer, weil der Felsen am Meer liegt?"

„Ja, am Fuße des Felsens ist das Meer. Um den Hafen herum liegt ein kleines Städtchen."

„Und in welchem Land liegt das kleine Städtchen?"

„Das weiß ich nicht."

„Das ist nicht schlimm! Mögen Sie mal zu der Burg hinauf gehen?"

„Da bin ich doch schon. Ich stehe ganz oben auf dem Turm, wo die Zinnen sind und schaue hinunter. Und da sehe ich das Städtchen und den Hafen."

„Da geht es Ihnen ja anscheinend richtig gut, da auf der Burg, nicht wahr?"

„Nein! Mir geht es nicht gut."

„Was ist denn los?"

„Ich weiß es auch nicht. Aber mir geht es nicht gut. Ich habe Angst."

„Wovor?"

„Ich weiß es nicht."

Ich frage mehrere Male nach, aber erfolglos. Dann bitte ich die Patientin, sich an einen Ort zu begeben, an dem es ihr richtig gut geht, an dem sie sich sehr wohl fühlt und an dem sie Kraft tanken kann.

Elisabeth Rauche beschreibt eine Wiese, auf der sie liege, auf der es viele bunte Blumen gebe. Dort fühle sie sich sehr wohl. Dort spiele sie mit ihrer Tochter.

Die erste Therapiestunde ist zu Ende.

∗∗∗

Wieder wälzt sich Elisabeth in Albträumen. Jeder Traum hat denselben Inhalt: Die Fahrt mit dem rumpelnden Gefährt. Zusätzlich taucht als Motiv die Situation auf, die sie in der Trance gesehen hat: Der Turm mit den Zinnen, zu dessen Fuß das Städtchen am Hafen liegt. Zwar hat sie auch im Traum ein wenig Angst, als sie oben auf dem Turm steht, aber dieses Angstgefühl ist lange nicht so intensiv wie das auf dem rumpeln-den Gefährt.

Das geht so fast jede Nacht. Am Morgen steht sie dann wie gerädert auf.

– Die Zeit bis zur nächsten Therapiestunde geht viel zu langsam vorbei!

∗∗∗

„Beim letzten Mal standen Sie auf den Zinnen einer Burg und fühlten sich nicht besonders wohl", sage ich, nachdem ich Elisabeth Rauche in eine gute Arbeitstrance versetzt habe. „Gehen Sie doch noch einmal auf diesen Turm! – Wie fühlen Sie sich jetzt?"

„Ich habe Angst. Es geht mir gar nicht gut."

„Dieses Angstgefühl hat ja irgendwann einmal angefangen. Gehen Sie doch einmal zurück in die Zeit oder kurz davor, als das Angstgefühl angefangen hat!"

Elisabeths Gesicht entspannt sich. Sie atmet tief durch. Dann sagt sie:

„Ich bin mit dem Burgherrn verheiratet."

Dann gibt es eine lange Pause. Das Gesicht von Elisabeth verrät, dass es in ihrem Kopf arbeitet. Ihr Gesicht verfinstert sich wieder, als sie sagt:

„Aber wir haben keine Kinder."

„Das ist doch nicht schlimm! Wie alt sind Sie denn?"

„Ich bin schon fast dreißig. Wir bekommen keine Kinder. Wahrscheinlich nie!"

„Woher wissen Sie das?"

„Ich weiß es. Das ist so! Wir bekommen keine Kinder!"

„Ist es das, was Ihnen Angst macht, wenn Sie auf dem Dach des Turms stehen und hinunter schauen?"

„Nein!"

„Okay! Sie befinden sich in der Zeit, unmittelbar bevor Ihr Angstgefühl begonnen hat. Wie geht es Ihnen jetzt?"

„Mir geht es gut. Ich bin mit einem Burgfräulein im Hafen. Da hat ein Schiff angelegt. Da sind viele Menschen, die etwas kaufen wollen, und viele Seeleute, die etwas verkaufen."

„Was gibt es denn da zu kaufen?"

„Ach, viele Sachen, besonders aber Gewürze. Die riechen interessant."

„Wie sieht denn das Schiff aus?"

„Das ist ein großes stolzes Schiff mit drei Masten. Ganz vorn ist eine riesengroße Figur. Die ragt über den Bug hinaus."

„Mögen Sie zurück zur Burg gehen und mir ein bisschen davon erzählen, was da so los ist?"

„Nein! Ich mag nicht zurückgehen!"

„Warum nicht?"

„Hier ist es viel schöner. Hier gibt es auch eine Menge Tücher in bunten Farben. Die kann ich mir alle ansehen. Hier ist es viel schöner als auf der Burg."

„Sehen Sie einmal hoch zur Burg! Vielleicht können Sie ja jemanden dort oben erkennen?"

„Oh, Gott!" Elisabeth greift sich an den Mund, als sei sie entsetzt. „Oh, Gott!"

„Was erschreckt Sie?"

„Oh, Gott! Diese Burg kenne ich. Die habe ich im Urlaub besichtigt."

Elisabeth öffnet die Augen. Sie erweckt den Eindruck, als sei sie nicht mehr in Trance. Sie erzählt, und dabei sprudelt es aus ihr heraus:

„Diese Burg habe ich besichtigt. Sie liegt in Wales. Ich komme im Moment nicht drauf, wie das kleine Städtchen heißt. Aber ich erinnere mich genau: Dort gab es einen Turm mit Zinnen und einen Burghof mit grobem Kopfsteinpflaster und ein Burgtor, das aber nicht mehr erhalten war.

Ich erinnere mich genau, schon bei der Besichtigung war ich froh, als ich wieder draußen war. Ich hatte die ganze Zeit ein so komisches Gefühl. Meinen Sie, dass das etwas miteinander zu tun hat, meine Albträume und diese Burg?"

„Was meinen Sie?"

„Ich weiß es nicht! – Ich weiß überhaupt nichts mehr!"

Ich bitte die Patientin, sich von diesen Bildern zu lösen und sich auf ihre Wiese zu begeben, auf der sie sich wohl fühlt.

Dann ist die Therapiestunde beendet.

***

Elisabeth Rauche kann von Nacht zu Nacht immer schlechter schlafen. Jede Nacht dieser Traum! Er lässt sie nicht zur Ruhe kommen. Inzwischen ertappt sie sich dabei, dass sie auch tagsüber in eine Art Tagtraum

verfällt und den Albtraum durchlebt. Die ganzen Tage wandelt sie umher, wie wenn sie in einer anderen Welt lebt. Immer deutlicher artikulieren sich in ihrem Kopf die Fragen:
„Was ist passiert? – Was habe ich mit der Burg zu tun?"
Inzwischen gelingt es ihr – wenigstens am Tage –, sich von dem eigentlichen Albtraum und von dem Gefühl der Todesangst frei zu machen und sich in ihrer Fantasie zu dem Schiff im Hafen zu bewegen. Dort fühlt sie sich wohl. Sie nimmt sich fest vor, es auch in der Nacht zu versuchen, aus dieser schrecklichen Angstsituation heraus zu kommen. Diese furchtbare Situation, in der sie auf dem Pferdewagen liegend aus dem Burghof gefahren wird! Wenn es ihr gelänge, sich auch in der Nacht im Traum in den Hafen oder auf ihre Wiese zu begeben, dann würde sie vermutlich nicht mehr in Schweiß gebadet aufwachen. Dann würde sie sich vermutlich auch nicht mehr wie gerädert fühlen! Als sie eines Abends ins Bett geht, nimmt sie sich das fest vor.

Kaum ist Elisabeth Rauche eingeschlafen, drängt sich ihr wieder das Bild von dem gläsernen Leuchtturm auf. Sie weiß genau, wenn sie dort hinein geht, dann laufen die Bilder wie ein Uhrwerk ab, dann wird sie unweigerlich wieder auf dem Pferdewagen liegen und Todesangst haben. Mit aller Macht wehrt sie sich, in den Leuchtturm hinein zu gehen. Aber ehe sie es sich versieht, ist sie bereits in dem stockfinsteren Innern des Leuchtturms.

„Jetzt auf keinen Fall die Stufen hoch gehen!" Mit aller Macht stemmt sie sich dagegen, aber eine unsichtbare Kraft schiebt sie hoch. Die erste Stufe, die zweite Stufe! Sie wehrt sich noch stärker. Plötzlich wird es hell. – Einen Augenblick ist sie geblendet. Dann hört sie viele Stimmen, fröhlich feilschende Stimmen. Sie hat es geschafft: Sie ist am Hafen.

Viele Menschen schauen sich die bunten Tücher an und feilschen mit den Händlern um einen fairen Preis. Manche schnuppern an den exotischen Gewürzen und kosten ein wenig hiervon oder davon. Elisabeth fühlt sich wohl.

Die meisten der Händler haben eine dunkle Hautfarbe, einige sind gar pechschwarz. Elisabeth schaut sich die pechschwarzen Menschen besonders intensiv an. Sie sehen putzig aus, wenn zwischen ihren wulstigen Lippen eine Reihe schneeweißer Zähne aufblitzt, wenn sie lachen.

Ein besonders schöner junger Mann mit tiefschwarzer Haut und besonders weißen Zähnen schenkt ihr ein buntes seidenes Halstuch. Zunächst will sie das nicht annehmen, aber vergeblich! Er macht ihr klar, dass er tieftraurig sei, nähme sie es nicht an. Also nimmt sie es an. Sie bleibt im Hafen, bis sie eine schrille Glocke klingeln hört. Es kommt ihr vor, als vergingen Minuten, bis sie realisiert, es ist ihr Wecker, der klingelt. – Ja, es ist Zeit zum Aufstehen. Betty muss in die Schule. Mit einem Satz springt sie aus dem Bett. Als sie im Badezimmer in den Spiegel schaut, stellt sie fest, sie ist ausgeschlafen, ein Zustand, den sie schon fast aus ihrer Erinnerung gestrichen hat! Ja, es ist ihr gelungen, sich selbst aus dem Albtraum zu befreien und sich in den Hafen zu den Händlern zu begeben. Ihr fällt ein, dass der eine Händler ihr ein buntes Tüchlein geschenkt hat. Ein hübscher junger Mann! Wie alt mag der wohl sein? Fünfundzwanzig? Vielleicht!

Sie merkt plötzlich, dass sie vor ihrem Bett steht und nachschaut, ob sie das bunte Tüchlein findet.

„Elisabeth! – Reiß Dich zusammen!" schimpft sie mit sich. „Das ist ein Traum! – Komm in die Realität zurück!"

***

Ich lasse mir von Elisabeth erzählen, dass sie zwar immer noch jede Nacht die gleiche Geschichte träumt, dass es ihr aber gelingt, die Szene, in der sie Todesangst bekommt, zu vermeiden. Sie erzählt mir, dass sie den Traum so realistisch erlebt habe, dass sie sogar nach dem Tuch gesucht habe, welches sie von dem einen Händler im Hafen geschenkt bekommen habe. Da habe sie sich allerdings selbst erschrocken und sich zur Ordnung gerufen.

Ich verabrede mit ihr, sie solle in der Trance dasselbe versuchen. Sie ist einverstanden.

Nach der Tranceinduktion begibt sich Elisabeth in den Leuchtturm. Kaum hat sie die ersten drei Stufen überwunden, konzentriert sie sich intensiv darauf, in den Hafen zu gelangen. Ich beobachte sie genau. Ihrem Gesicht sehe ich an, dass sie Schwerstarbeit leistet. Dann glätten sich allmählich die Falten auf ihrer Stirn. Ein Anflug eines Lächelns huscht über ihr Gesicht. Ich stelle die Frage:

„Was ist jetzt?"

„Jetzt ist es wie im Traum: Ich habe mich sehr konzentriert. Ich wollte auf keinen Fall auf dem Pferdekarren über das holprige Pflaster gefahren werden und Todesangst verspüren. Ich habe mir ganz stark gewünscht, dass ich Bilder vom Hafen bekomme. Und jetzt bin ich im Hafen. Alles ist so wie im Traum: Die Händler bieten ihre Waren an. Ich rieche ein wenig an den Gewürzen, hier und da probiere ich auch mal etwas. Es schmeckt exotisch. Und dann komme ich zu den Tüchern. Lauter bunte Tücher. – Da ist er wieder!"

„Wer?"

„Na, der Junge, der mir das bunte Tüchlein geschenkt hat! – Jetzt bin ich nicht mehr dort, nicht mehr am Hafen. Der junge Schwarze, der mir das Tuch geschenkt hat, ist auch weg. Es ist dunkel. Ich habe Angst."

Elisabeth Rauche befindet sich in einem dunklen, engen Raum. Sie hat furchtbare Angst, aber sie weiß nicht genau, warum. Es ist so dunkel, dass es ihr nicht einmal gelingt, sich an die Dunkelheit zu gewöhnen und dann doch wenigstens Umrisse zu sehen. Deshalb muss sie sich ganz auf ihre anderen Sinne konzentrieren. Es riecht eigenartig. Im Augenblick kann sie den Geruch noch nicht einordnen. Es ist eine Mischung aus mehreren Einzelgerüchen. Sie konzentriert sich: Moder! Ja, es riecht ein wenig modrig. Aber da ist noch mehr an Gerüchen. Elisabeth legt den

Modergeruch beiseite und konzentriert sich auf weitere Gerüche. Meer! Ja, es riecht nach Meer, ein Gemisch aus Salzwasser und Fisch. Ja, so ist es. – Ja, sie muss sich in der Nähe des Hafens aufhalten. Vielleicht ist sie ja auf der Burg, vielleicht in einem Verließ? Im Kerker? – Ja! Im Kerker!

Ihre Angst wird durch die Erkenntnis, im Kerker zu sein, nicht kleiner! Wie kommt sie in den Kerker? Ihr Mann ist doch der Burgherr! Sollte er sie selbst in den Kerker geworfen haben? Aber wieso? Was hat sie verbrochen? Elisabeth fröstelt. Ihr ist kalt.

Plötzlich hat sie das Gefühl, es befindet sich eine Wesenheit mit ihr zusammen im Raum. Sie sieht sie nicht, aber sie spürt ihre Anwesenheit. Wer mag sie sein? Sie horcht in sich hinein: Wird ihre Angst größer? – Nein! Fast kommt so etwas wie Freude in ihr auf: Ihre Angst scheint kleiner zu werden. Sie fragt sich, ob es sich bei dieser Wesenheit um ihren Schutzengel handelt. Nein! Kein Schutzengel, da ist sie jetzt ganz sicher. Elisabeth ist ein bisschen enttäuscht: Nicht ihr Schutzengel! Dann ist ihr, als empfinge sie die Botschaft:

„Ich will Dir helfen!"

Wie kann ihr geholfen werden? Sie weiß es nicht. Sie fühlt sich schlecht. Es ist eng und stickig.

Elisabeth fühlt jetzt die Wesenheit ganz nahe. Sie hat das Gefühl, sie will mit ihr sprechen. Deshalb fragt sie in den dunklen Raum hinein:

„Wer bist Du? Sag mir, wer Du bist!"

Sie ist enttäuscht. Sie hatte so gehofft, eine Antwort zu bekommen! Sollte sie sich getäuscht haben? Gibt es vielleicht gar keine fremde Wesenheit? Sie merkt, wie sich in ihr das Gefühl verdichtet, es gäbe eine ganz, ganz dunkle Geschichte. Deshalb liege sie in diesem engen Kerker. Aber sie merkt auch, dass es irgendetwas in ihr gibt, das dafür verantwortlich ist, dass sie sich wehrt, an diese Geschichte heran zu gehen. Andererseits fühlt sie immer noch die Anwesenheit dieser Wesenheit.

Und es scheint so, als sei das eine Wesenheit, die ihr nichts Böses will. Deshalb rafft sie sich auf, noch einmal die Frage zu stellen:

„Wer bist Du? Sag mir, wer Du bist!" Und in ihrer Verzweiflung fügt sie noch ein leises, kaum hörbares „Bitte!" an.

Dann nimmt sie die Antwort wahr:

„Ich bin Kim!" –

Kim? Wer ist Kim? Sie kennt keinen Kim.

„Ich bin Kim, der Dir das bunte Tuch geschenkt hat."

Trotz ihrer schrecklichen Lage empfindet sie einen Anflug von Freude.

„Kim! Wo bist Du? Was machst Du hier? Wo bin ich?"

„Ich bin Dein Freund! – Was auch passiert, sei ganz ruhig! Ich werde bei Dir sein! – Vertrau mir!"

Im nächsten Augenblick ist Elisabeth wieder allein. Sie liegt in ihrem engen, modrigen, kalten Kerker, und wieder stellt sich Todesangst ein. Da wechselt die Szene: Elisabeth trifft Kim im Hafen. Sie sind allein. Es ist dunkel. Sie hat das Gefühl, es verbindet sie mit Kim ein Geheimnis, irgendetwas Schreckliches und zugleich Schönes. Aber was? Kim geht sehr liebevoll mit ihr um und bedrängt sie, mit ihm zu kommen. Elisabeth fühlt sich zu Kim hingezogen, aber sie kann ihren Mann nicht einfach im Stich lassen. Sie lässt sich von Kim auf das Schiff führen und sich an Bord herumführen. Sie fühlt sich sehr wohl in seiner Gegenwart. Aber sie kehrt schließlich auf die Burg zurück.

Wieder liegt Elisabeth in dem engen, modrigen, kalten und stockfinsteren Loch. Wieder hat sie das Gefühl, es verbinde sie mit Kim ein schreckliches und zugleich schönes Geheimnis. Aber was?

Die Szene wechselt: Elisabeth liegt in den Wehen. Mehrere Frauen sind um sie herum. Man bringt heißes Wasser und saubere weiße Leinentücher. Sie erlebt unter Schmerzen die Geburt ihres ersten Kindes. – Und dann wird es totenstill in dem Raum. Totenstill! Elisabeth begreift nicht, was geschehen ist. Sie ruft verzweifelt:

„Warum gibt mir denn niemand mein Kind? Gebt mir mein Kind! Was ist denn los?"

Immer noch ist es totenstill. Schließlich bringt ihr eine der Hebammen ein kleines Mädchen. – Es ist schwarz, tiefschwarz.

Szenenwechsel: Elisabeth wird auf einen Karren gebunden. Ihr Mann und ein Kutscher lassen das Gefährt von zwei Pferden aus dem Burghof heraus ziehen. – Ein fast schon vertrautes Bild für Elisabeth! Sie fahren zu einem Friedhof, der unmittelbar am Meer gelegen ist. Dort ist ein Grab ausgehoben, in welchem Elisabeth bei lebendigem Leibe begraben wird.

Wieder liegt sie in ihrem engen, modrigen, kalten Kerker. Jetzt erst realisiert sie: Der Kerker ist ihr eigenes Grab.

***

Die bisherige Therapie hat Elisabeth gut getan, Sie ist erfolgreich. Sie hat nur noch ganz selten diesen schrecklichen Traum. Und wenn, dann kann sie sich mit eigener Kraft da heraus holen und sich in den Hafen „beamen", wo sie sich wohl fühlt. Und seit sie die Geschichte komplett kennt, hat sie überhaupt nicht mehr geträumt. Trotzdem ist ein Rest Trauer in ihr geblieben: Immerhin hat sie Kim ja geliebt und sogar ein Kind von ihm gehabt. Einen Rest Trauer empfindet sie immer noch. Oder ist es ein Rest Liebe? Aber das ist in einem anderen Leben gewesen, in einem Leben weit vor ihrem jetzigen Leben. Das hat die Hypnotherapie heraus gebracht. Sie muss sich immer wieder klar machen: Diese Traumerlebnisse stellen einen Anachronismus dar. Sie liegen weit, weit zurück!

***

Der Alltag hat Elisabeth wieder ganz in seinen Bann geschlagen: Sie hat sich beim Arbeitsamt um eine Umschulung zur Krankenschwester beworben, aber sie hat noch keine Antwort. Das dauert und dauert! Inzwischen ist sie arbeitslos geworden. Gelernt hat sie Köchin. Und der Beruf hat ihr auch Spaß gemacht. Aber sie kann es sich nicht mehr leisten, jede Nacht bis über Mitternacht hinaus in einem Restaurant zu arbeiten, seit sie ihre Tochter hat. Und erst recht nicht als alleinerziehende Mutter, das ist völlig ausgeschlossen! Deshalb hat sie einen Job in einem Supermarkt angenommen. Diese Arbeit kann sie machen, während ihre Tochter in der Schule ist. Aber jetzt ist sie arbeitslos! Sollte sie doch wieder eine Stelle als Köchin in einem Restaurant annehmen? Ein bisschen liebäugelt sie mit einem Stellenangebot in der Tageszeitung: Dort sucht ein Restaurant eine Köchin oder einen Koch. Da sie den Inhaber kennt, hat sie gute Chancen, den Job zu bekommen. Aber sie hat sich noch ein paar Tage Bedenkzeit ausgebeten. Nach dem Wochenende will sie sich entscheiden. – Was soll sie machen? Die Entscheidung ist nicht leicht.

***

„Heute ist Samstag!" denkt Elisabeth.
Sie freut sich wie jeden Samstag auf das gemeinsame Frühstück mit ihrer Tochter Betty. Natürlich steht sie, während Betty noch schläft, früh auf, um Brötchen zu kaufen und den Tisch so herzurichten, wie Betty und sie es gern haben.
Der Frühstückstisch ist fertig gedeckt. Betty schläft noch tief und fest. Elisabeth überlegt, ob sie sie schlafen lassen soll. Sie entscheidet sich aber anders. Sie setzt sich auf die Bettkante und beginnt, ganz zärtlich das Gesicht ihrer Tochter zu streicheln. Betty dehnt sich ein wenig und dreht sich auf die Seite, hält aber ihre Augen geschlossen. Zum Zeichen dessen, dass sie das Streicheln gut findet, grunzt sie wohlig.

„Willst Du denn heute gar nicht aufstehen und frühstücken, mein Schatz?"

Betty streckt ihre Glieder erneut und blinzelt ein wenig hinter fast geschlossenen Augenlidern hervor.

„Ja, gleich! – Weiter streicheln! Das ist so schön!"

Elisabeth streichelt das Gesicht ihrer Tochter weiter. Betty atmet zweimal tief durch. Dann schlingt sie ihre Arme um den Hals ihrer Mutter.

„Mami, ich hab Dich lieb!"

Elisabeth ist ein wenig gerührt und beeilt sich zu sagen:

„Ich dich auch, mein Schatz!"

„Ich habe vielleicht einen Hunger!" ruft Betty und springt mit einem Satz aus dem Bett.

„Halt! – Zieh Dir wenigstens den Bademantel über, damit Du Dich nicht erkältest!" mahnt Elisabeth.

Als die beiden am Frühstückstisch sitzen, fragt sie:

„Hast Du denn gut geschlafen?"

„Ja! Sehr gut! Ich habe einen schönen Traum gehabt."

„Einen schönen Traum? Das freut mich. Magst Du ihn mir erzählen?"

„Ja, das war so: Ich hatte heute Nacht Besuch."

„Du hattest Besuch? Wo denn? Ich denke, Du hast geträumt!"

„Ja, das habe ich auch. Aber das war so wie Wirklichkeit. Ich hatte Besuch, hier im Zimmer, so wie ganz echt!"

„So? – Wer war denn hier zu Besuch?"

„So'n Mann war hier." Elisabeth horcht auf:

„Ein Mann? Was für ein Mann?"

„Na, so ein Mann eben. Der war sehr nett. Wir haben zusammen gespielt und uns unterhalten. Er hat gesagt, dass er wiederkommen will."

„Na, wenn er sehr nett war, dann kann er ja ruhig wiederkommen!"

„Ja, und stell Dir vor, Mami, weißt Du, wie der aussah?"

„Nein! Wie sah er denn aus?"

„Er war schwarz!"

Elisabeth hätte sich beinahe an ihrem Kaffee verschluckt. Sie traut ihren Ohren nicht. Schnell trinkt sie noch ein paar Schluck Kaffee, dann schenkt sie sich eine neue Tasse Kaffee ein. Sie will auf keinen Fall, dass Betty ihre Erregung merkt. Scheinbar beiläufig fragt sie:

„Schwarz war der Mann? Hat er Dir seinen Namen genannt?"

„Jaha! Das hat er! Er hat einen schönen Namen. Rate mal, wie er heißt!"

Elisabeth merkt, dass ihre Hand so zittert, dass sie ihre Tasse kaum halten kann. Sie stellt sie ab. Es kostet sie einige Anstrengung, ihre Stimme gleichgültig klingen zu lassen, als sie sagt:

„Ach, ich glaube, ich kann heute Morgen noch nicht so gut raten. Sag es mir doch!"

„Er heißt Kim!"

Elisabeth täuscht einen Hustenanfall vor, um über die allerersten Sekunden hinweg zu kommen. – Kim! Wie kommt Kim in den Traum ihrer Tochter. Was kann sie tun, um das zu verhindern?

„Werde ich jetzt total verrückt?"

Den ganzen Tag beschäftigen sie diese Fragen. Betty hat nicht nachgefragt. Vermutlich hat sie von der Erregung ihrer Mutter nichts mitbekommen. Aber Elisabeth steht den ganzen Tag quasi neben sich. Auch wenn Betty gesagt hat, Kim sei sehr nett, will sie es möglichst verhindern, dass auch Betty „Kontakt" zu Kim hat. Aber wie?

Elisabeth nimmt sich fest vor, die kommende Nacht von Kim zu träumen und ihm dann zu verbieten, ihrer Tochter im Traum zu erscheinen. Parallel dazu kommt ihr die ganze Angelegenheit im höchsten Maße verrückt vor, und sie hat ernste Sorge, ihren Verstand zu verlieren.

„Mein Gott! – Wäre ich doch bloß nicht nach Wales gefahren!"

Elisabeth ist verzweifelt. Nach Jahren das erste Mal rafft sie sich auf, inständig zu beten, als sie am Abend ins Bett geht. Immer wieder hadert sie mit sich: 'Warum bin ich nach Wales gefahren'? Sie kann es nicht verhindern, dass ihr die Tränen über das Gesicht rinnen. Schließlich schläft sie doch ein.

***

„Ist es nun Wirklichkeit? Oder ist es ein Traum?"

Kim sitzt auf ihrer Bettkante und streichelt Elisabeths Gesicht. Sie hat das Gefühl, sie habe fest geschlafen. Dann sei sie durch das Streicheln aufgewacht. Sie kann nicht entscheiden, ob es ein Traum ist oder Wirklichkeit. Es erscheint ihr viel realistischer als ein Traum: Kim sitzt auf ihrer Bettkante.

„Was machst Du hier?"

„Ich bin bei Dir, um Dich zu beschützen. Ich bin so etwas wie Dein Schutzengel. Du brauchst keine Angst vor mir zu haben. Du brauchst überhaupt keine Angst mehr zu haben. Alles wird gut!"

„Wie kommst Du hier herein?"

„Beruhige Dich! Alles wird gut! – Ich komme über Deine Gedanken hier herein. Ich möchte, dass es Dir gut geht. Ich liebe Dich! Verstehst Du das? – Ich liebe Dich!"

„Im Augenblick verstehe ich überhaupt nichts mehr. Ich bin völlig durcheinander. – Das war eine andere Zeit, als Du mich geliebt hast. Das ist ein paar hundert Jahre her! Ich habe Dich auch geliebt. Wir haben ein Kind miteinander gehabt. Dafür mussten wir beide sterben. Hast Du das vergessen?"

„Nein! Das habe ich nicht vergessen! Im Gegenteil: Ich habe ein paar hundert Jahre an nichts Anderes denken können. Glaub mir: Ich liebe Dich!"

„Du lebst nicht in dieser Zeit. Ich kann Dich nicht lieben. Ich kann kein Phantom lieben, welches in einer anderen Zeit lebt. Versteh das bitte!"

„Was ist schon Zeit? Ich lebe nicht in einer anderen Zeit, ich lebe zwischen den Zeiten, und jetzt lebe ich in Deiner Zeit. – Ich beweise es Dir. Pass auf: Du überlegst, ob Du wieder in Deinem alten Beruf arbeitest."

Elisabeth ist bestürzt. Überhastet stellt sie die Frage: „Woher weißt Du das?"

„Ich weiß es eben. – Du hast den Job, wenn Du ihn haben willst. Ich aber rate Dir, nimm den Job nicht! Du bekommst einen besseren, glaube mir!"

„Einen besseren! Einen besseren! – Was denkst Du, wie das in diesem Leben zugeht? Ich muss Geld verdienen, um meine Tochter und mich durchzubringen!"

„Ich denke, Du willst Dich zur Krankenschwester umschulen lassen! – Willst Du? Oder willst Du nicht?"

Elisabeth hadert einen Augenblick mit sich und ihren Gedanken. Ist es ein Traum? Ist es Wirklichkeit? Wie kommt Kim in ihr jetziges Leben? Woher hat er die Informationen? – Plötzlich läuft es ihr heiß und kalt über den Körper: Wie kommt Kim in das Leben ihrer Tochter?

„Du hast Dich in die Träume meiner Tochter geschlichen! Wieso machst Du das? Wieso lässt Du das Kind nicht in Ruhe? Das Kind kann nichts für unsere Vergangenheit."

„Ich habe mich nicht in die Träume Deiner Tochter geschlichen. Ich will Deiner Tochter nichts Böses. Wir haben zusammen gespielt. Deiner Tochter ist kein Leid widerfahren."

„Trotzdem! – Lass meine Tochter da heraus! Ich möchte nicht, dass Du in den Träumen meiner Tochter herum spukst! – Bitte! – Versprich es mir!"

„Deiner Tochter wird nichts Schlimmes geschehen! Wir beide verstehen uns gut!"

„Versprich es mir!"

„Okay! Ich verspreche es! – Aber Dich werde ich nicht loslassen! Ich liebe Dich!"

„Woher weißt Du, dass ich den Job als Köchin nicht annehmen soll? Und was für einen Job werde ich bekommen, der angeblich besser ist?"

„Du möchtest Dich doch umschulen lassen. Und das möchtest Du doch viel lieber, als die halbe Nacht als Köchin zu arbeiten, nicht wahr? Dann warte noch eine Woche, dann bekommst Du Deine Umschulung! – Und frag mich nicht, woher ich das weiß. Ich weiß es eben!"

Elisabeth und Kim unterhalten sich noch eine ganze Weile. Schließlich verabschiedet sich Kim und verspricht noch einmal hoch und heilig, Betty nicht mehr zu besuchen und für Elisabeth immer da zu sein und sie jede Nacht zu besuchen.

***

Elisabeth wacht wenige Minuten, bevor der Wecker klingelt, auf. Sofort sieht sie die Bilder des Traumes wieder vor ihrem geistigen Auge, als seien sie real. Sie fühlt sich gut, keineswegs müde oder gar zerschlagen. Sie hat das Gefühl, sie habe die ganze Nacht mit Kim geredet. Trotzdem fühlt sie sich ausgeschlafen. Ein Indiz dafür, dass es sich um einen Traum gehandelt hat und nicht um die Wirklichkeit. Dann fallen ihr die Ratschläge von Kim ein. Wie geht so etwas? Sie träumt von einer Wesenheit aus einer anderen Zeit, und die weiß Dinge, die sie und nur sie betreffen und die nur in dieser Zeit geschehen sind oder erst noch geschehen werden? Ist Sie vielleicht doch auf dem Weg, verrückt zu werden? – Sie beschließt, erst einmal abzuwarten, was die nächste Woche bringen wird, ehe sie mit mir über diese seltsamen Dinge spricht. Wird sie die Umschulung genehmigt bekommen? Wenn Ja, dann hätte Kim ja recht! – Aber das geht doch überhaupt nicht! Es ist ja nur ein Traum.

Elisabeth entschließt sich, aufzustehen und die Gedanken an den Inhalt ihres Traumes weg zu schieben und sich dem Alltag zu stellen.

***

Kim hält sein Versprechen, nicht mehr in einem Traum von Betty, der Tochter von Elisabeth, zu erscheinen. Oder anders ausgedrückt: Betty träumt nicht mehr von Kim. Dafür erscheint Kim jede Nacht bei Elisabeth. Elisabeth ist das keineswegs unangenehm. Im Gegenteil: Seitdem ihr Kim jede Nacht erscheint, klagt sie nicht mehr über Albträume. Diese schreckliche Geschichte mit dem schwarzen Kind, welches sie als Gemahlin des Burgherrn bekommen hat, weshalb sie dann bei lebendigem Leibe begraben worden ist, hat sich seither nicht wieder im Traum zugetragen. Das hat sie mir erzählt. Sie hat mir auch nicht verschwiegen, dass Kim ihr jede Nacht im Traum erscheint und dass sie mit ihm ein Abkommen geschlossen hat, dass er ihrer Tochter nicht mehr erscheint. Ich habe kein Hehl daraus gemacht, dass ich über die Kommunikation zwischen Kim und Elisabeth und zwischen Kim und Betty außerordentlich erstaunt sei. Ich konnte jedoch nicht umhin zuzugeben, dass das Therapieziel erreicht sei: Die Zusammenhänge der Albträume mit den Ereignissen in einem früheren Leben seien bekannt, und sie seien kognitiv als Anachronismus akzeptiert und emotional aufgearbeitet. Zwar sei das Erscheinen von Kim schon etwas seltsam, aber solange es eine positive Wirkung zeige, und das tue es ja ohne Ausnahme, sei aus meiner Sicht nichts dagegen einzuwenden. Elisabeth und ich haben sich herzlich voneinander verabschiedet mit der Versicherung von meiner Seite, sie könne sich jederzeit wieder melden, wenn es nötig sei.

∗∗∗

Nun ist es schon fast zwei Wochen her, dass Kim ihr geraten hat, die Stelle als Köchin in einem Restaurant nicht anzunehmen, weil sie einen positiven Bescheid auf ihren Antrag auf Umschulung zur Krankenschwester bekommen werde. Natürlich hat sich der Restaurantbesitzer nicht so lange hinhalten lassen wollen, schließlich hat er ja einen Koch oder eine Köchin dringend gebraucht. Nach endlosen ′Gesprächen′ mit Kim hat sich Elisabeth – wenn auch schweren Herzens – entschlossen, dem Restaurantbesitzer abzusagen. Aber: Nun ist es immerhin schon fast zwei Wochen her, und es ist immer noch kein Bescheid in Sicht, der ihren Antrag auf Umschulung genehmigt! Langsam schleichen sich Zweifel ein, obwohl Kim ihr jede Nacht erneut sagt, er wisse genau, dass die Umschulung genehmigt werde.

Jeden Morgen, wenn der Postbote kommt, rennt Elisabeth ihm entgegen. Und jeden Morgen aufs Neue ist sie enttäuscht. Und jede Nacht 'erzählt' sie Kim von ihrer immer größer werdenden Enttäuschung. Und jede Nacht 'beteuert' Kim aufs Neue, er wisse es ganz genau.

Schließlich – es ist Mittwoch – beschließt Elisabeth, nicht auf den Postboten zu warten, sondern zum Arbeitsamt zu fahren und sich um eine Stelle als Köchin zu kümmern. Mit drei Stellenangeboten im Gepäck kommt sie nach Hause. Sie will sich gleich hinsetzen und Bewerbungen schreiben. Vielleicht sollte sie noch eben im Briefkasten nachsehen! Der Postbote war sicher schon da! Sie schließt den Briefkasten kurz auf, um ihn sofort wieder zu schließen, denn ernsthaft erwarten tut sie keine Post. – Halt! Sie schließt den Briefkasten wieder auf. Tatsächlich! Eine Brief! Hastig reißt sie das Couvert auf und überfliegt das Schreiben. Sie muss sich am Briefkasten festhalten, um nicht hin und her zu torkeln. Ihr wird schwindelig. Eine Zusage! Sie überfliegt das Schreiben noch einmal. – Ja! Eine Zusage!

Elisabeth geht mit wackeligen Knien ins Haus und setzt sich erst einmal in einen Sessel. Dann liest sie das Schreiben noch einmal, diesmal in Ruhe: „ ... teilen wir Ihnen mit, dass ... Umschulung zur Krankenschwester ... genehmigt ... . Bitte melden Sie sich ... beim örtlichen Krankenhaus. ... verbleiben wir mit freundlichen Grüßen ...“

Elisabeth ist sprachlos. Am liebsten würde sie Kim jetzt 'anrufen'. Aber das geht natürlich nicht. Aber heute Nacht! Sie nimmt sich fest vor zu träumen.

**

„Du brauchst mir nichts zu sagen! – Ich weiß, deine Umschulung ist genehmigt!" begrüßt Kim Elisabeth im Traum.

„Woher weißt Du das nun schon wieder? – Und woher wusstest Du überhaupt vorher, dass das so kommen würde? Langsam wirst Du mir unheimlich!"

„Ich wusste es eben! Nimm es doch einfach so hin! – Ich bin froh, dass es so gekommen ist. – Wann wirst Du zum Krankenhaus gehen?"

„So schnell wie möglich! Ich möchte nicht, dass mir noch etwas dazwischen kommt."

„Ich bitte Dich, geh erst nächste Woche! Bitte! Glaub mir einfach, es kommt nichts mehr dazwischen!"

„Aber warum soll ich erst nächste Woche dahin gehen?"

„Glaub mir einfach! Es ist besser so! – Bitte! – Du siehst doch, es ist gut, dass Du mir in diesem Fall auch geglaubt hast. Dann kannst Du mir jetzt doch auch glauben."

„Gut!" sagt Elisabeth, ohne gänzlich überzeugt zu sein. „Ich glaube Dir. – Dann also erst nächste Woche Mittwoch! Einverstanden?"

„Einverstanden!"

***

Eine ganze Woche! Elisabeth kommen ein paar Zweifel, ob sie nicht doch schon früher ... Aber es 'gelingt' Kim jede Nacht, die Zweifel zu zerstreuen. Elisabeth wartet geduldig bis Mittwoch. Dann fährt sie unmittelbar, nachdem sie ihre Tochter in die Schule gebracht hat, zum Krankenhaus. Beim Pförtner zeigt sie ihr Schreiben vom Arbeitsamt vor und lässt sich beschreiben, wohin sie zu gehen hat. Vor dem Zimmer angekommen, studiert sie das Schild neben der Tür:

211
Dr. med. Mbamba
Internist
Anmeldung Zi. 210

Sie begibt sich zu Zimmer 210. Dort wird sie von einer freundlichen jungen Dame empfangen. Sie gibt ihr ihr Schreiben und wartet auf ihre Anweisung.

„Ach ja, Frau Rauche. Bitte nehmen Sie einen Moment Platz. Herr Dr. Mbamba ist im Augenblick noch besetzt. Aber es wird nicht lange dauern.

Elisabeth setzt sich auf einen der beiden dort stehenden Stühle und wartet. Die junge Dame sieht sie freundlich an und beginnt ein Gespräch:

„So, Sie wollen also bei uns anfangen!"

„Naja, ich möchte eine Umschulung zur Krankenschwester beginnen. Ich bin froh, dass es geklappt hat. – Der Dr. Mbamba organisiert diese Umschulungen?"

„Ja, so kann man es sagen. – Besser: Dr. Mbamba wird für die Zeit der Ausbildung Ihr Chef sein. Er wird Ihre Ausbildung begleiten und nachher auch beurteilen. Er ist für Sie sozusagen das Mädchen für alles: Ausbilder, Beurteiler, Kummerkasten und alles, was man sonst noch so braucht. Aber das macht er im Allgemeinen sehr gut. Im Augenblick ist er allerdings nicht gut drauf: Seine Frau ist vor vier Wochen gestorben. Er ist erst seit gestern wieder im Dienst."

„Oh, das tut mir leid!"

„Ja, das hat ihn ganz schön mitgenommen! – Aber vielleicht ist Arbeit die beste Therapie. Das sagt man ja so, nicht wahr? – Oh, ich höre gerade die Tür gehen. Jetzt ist Dr. Mbamba frei. Ich melde Sie eben an."

Sie greift zur Sprechanlage: „Herr Dr. Mbamba! Frau Rauche für Sie. Die Akte habe ich Ihnen heute Morgen mit auf den Schreibtisch gelegt. – Gut! Dann schicke ich sie 'rein. – Bitte, Frau Rauche!"

Elisabeth Rauche öffnet die Tür und betritt den Raum. Dann bleibt sie wie angewurzelt stehen.

D o r t   s i t z t   K i m !

Dr. Mbamba erhebt sich, Elisabeth ist unfähig, sich zu bewegen. Er geht auf sie zu und streckt ihr seine Hand entgegen. Sie legt ihre Hand mechanisch in seine und lässt sie schütteln.

„Kennen wir uns nicht, Frau Rauche?" fragt Dr. Mbamba ein wenig irritiert. „Mir ist so, als hätten wir uns schon einmal gesehen." Er schaut ihr tief in die Augen und sagt dann: „Bitte nehmen Sie Platz!"

Der Junge, der seine Angst vierzig Jahre mit sich trägt

„So geht das nicht weiter!" sagt Norbert Schütz halblaut vor sich hin, während er in den Badezimmerspiegel schaut. „Du kannst Dir nicht immer etwas vormachen! Du bist krank und brauchst einen Fachmann, der Dir hilft!"

Seit geraumer Zeit – es mögen schon fast zwei Jahre sein – versucht Norbert Schütz mit aller ihm zur Verfügung stehenden Macht, sich einzureden, es sei alles in Ordnung. Eigentlich schon sein ganzes Leben lang! Aber anfangs war seine Angst nicht so ausgeprägt. Er hatte nur ein bisschen Angst, aber das schon immer.
Ja, wovor hatte er eigentlich Angst? Er wusste es selber nicht genau. Diese Angst trat gewöhnlich dann auf, wenn er sich allein fühlte. Das war schon früher so als Kind. In letzter Zeit kam diese Angst ganz häufig hoch. In den letzten zwei Jahren hatte er sich ein bisschen geschämt: Ein gestandener Mann von über vierzig Jahren und Angst, wenn er allein war! Einem Kind kann man solche Gefühle zugestehen, aber einem gestandenen Mann von vierzig Jahren? Nein und nochmal nein!
Aber gerade in den letzten zwei Jahren ließ sich die Angst manchmal nicht verdrängen.
Was war passiert in den letzten zwei Jahren?
Vor ungefähr zwei Jahren war seine Frau Brigitte ausgezogen. Sicher! Gekriselt hatte es schon seit einiger Zeit. Aber so ein endgültiger Schlussstrich? Damit hatte er nicht gerechnet. Und dann wurde es so richtig schlimm mit der Angst. Vielleicht deshalb, weil er das Alleinsein nicht mehr gewohnt war? Schließlich hatten Brigitte und er die Abende immer zusammen verbracht! Auch wenn sie sich gestritten hatten! Auch

daran kann man sich so gewöhnen, dass man es nicht mehr missen möchte. Diese Ruhe, wenn keiner im Haus war, konnte er einfach nicht ertragen.

Anfangs hatte er sich erfolgreich selbst „therapiert": Er war einfach in die Kneipe gegangen. Aber nach ein paar Monaten war ihm plötzlich klar geworden, dass erstens sein Konto und zweitens seine Leber diesem Lebenswandel nicht mehr gewachsen waren: Das Konto war schamrot geworden, und die Leber hatte sich vergrößert. Außerdem schien ihm sein Leben zu entgleiten: Zu Hause bei ihm sah es aus „wie bei Hempels unter dem Sofa", hatte seine Mutter entschieden; Berge von ungeöffneter Post lagen auf seinem Schreibtisch; sein Bett musste dringend neu bezogen werden, und so weiter, und so weiter.

Dann hatte es den Anschein, dass er die Sache wieder in den Griff bekommen würde: Er zwang sich einfach, zu Hause zu bleiben und seine tägliche Hausarbeit zu verrichten, naja bis auf die Wochenenden! Das ging auch eine ganze Weile gut, vielleicht, weil der erste Schmerz der Trennung von Brigitte überwunden war.

War es eigentlich Schmerz? Schließlich hatten sie sich doch die letzte Zeit immer gestritten! Vielleicht war es ja auch ein bisschen Wut! Ja, er war wütend, dass Brigitte ihn einfach so verlassen hatte. Aber Wut allein war es auch nicht. Was war es dann? Er konnte es nicht analysieren. Vielleicht von jedem ein bisschen! Was nützte es, wenn er sich darüber das Hirn zermarterte!

Vor allen Dingen achtete er darauf, dass er sich nicht hängen ließ. Was bedeutete das? – Er achtete darauf, dass er seine Oberhemden wieder bügelte und nicht mit einem zerknitterten Oberhemd aus dem Hause ging. Er ging auch wieder regelmäßig zum Frisör. Das hatte er nach der Trennung auch erst einmal nicht getan. Ebenso ging es mit dem Rasieren: Jeden Morgen und jeden Abend! Naja, er achtete insgesamt darauf, dass er sich pflegte, wie man das so zu tun pflegt.

Trotzdem hatte sich im Laufe der Zeit die Angst wieder eingeschlichen, so dass er jetzt endlich nötig war, Klartext mit sich zu reden: „So geht das nicht weiter! Du kannst Dir nicht immer etwas vormachen! Du bist krank und brauchst einen Fachmann, der Dir hilft!" – Genau den brauchte er. Endlich war es einmal ausgesprochen!

***

Ich öffne die Praxistür:
„Sie sind Herr Norbert Schütz, vermute ich. Bitte kommen sie herein! Nehmen Sie Platz! – Was kann ich für Sie tun?"
Norbert setzt sich. Er hat einige Zeit mit sich gekämpft, ob er sich einem Fachmann anvertrauen soll. Schließlich hat er sich einen unverbesserlichen Angsthasen gescholten und sich entschlossen, einen Termin zu machen. Erstens hatte er schon Gutes über mich gehört, und zweitens liegt die Praxis so, dass sie für ihn gut erreichbar ist. Jetzt allerdings, wo er mir gegenüber sitzt, droht ihn sein Mut zu verlassen. Aber er hat sich in letzter Zeit ja daran gewöhnt, sich selbst in den Hintern zu treten. Warum nicht auch in dieser Situation! Er gibt sich einen Ruck und beginnt, seine Geschichte zu erzählen.
Ich höre geduldig zu. Nur zwei- oder dreimal unterbreche ich ihn, um eine Frage zu stellen, die er jedes Mal nach bestem Wissen und Gewissen beantwortet. Dann beendet er seinen Vortrag mit den Worten: „Und nun habe ich mich endlich durchgerungen, zu Ihnen zu kommen. Hier sitze ich nun. Bitte helfen Sie mir!"
Ich sehe ihn eine Weile an. Dann sage ich:
„Ja, ich bin sehr sicher, Herr Schütz, dass Ihnen geholfen werden kann." Dann mache ich eine bedeutungsschwangere Pause, um dann fortzufahren:
„Ja! – Ich bin sicher! – Aber ich fürchte, nicht ich kann Ihnen helfen, sondern es gibt nur einen einzigen Menschen auf dieser Welt, der Ihnen

wirklich helfen kann. Und der heißt Norbert Schütz! – Das sind Sie selbst!"

Es folgt eine lange Pause, an deren Ende sich Norbert dessen bewusst wird, dass er im Begriff ist, nicht das intelligenteste Gesicht aus dem reichhaltigen Repertoire seiner Gesichter aufgesetzt zu haben. Im Einklang mit dem Ausdruck seines Gesichts beginnt er zu stottern:

„Ja – also – das hätte ich jetzt nicht erwartet! – Also ich selbst – also ich bin ja kein Fachmann – und ich habe gedacht, ich bräuchte *fachmännische* Hilfe!"

„Ja, Herr Schütz, die brauchen Sie auch: Fachmännische Hilfe*stellung*! Aber Sie müssen selbst turnen. Ich gebe Ihnen nach bestem Wissen Hilfestellung und schlage Ihnen die eine oder andere Turnübung vor. Aber turnen müssen Sie selbst! – Ich bedanke mich, dass Sie zu mir gekommen sind und mir Ihr Vertrauen entgegen gebracht haben. Ich werde mir die größte Mühe geben, Sie nicht zu enttäuschen."

„Ach so meinen Sie das!" sagt Norbert ein wenig erleichtert. „Ich dachte schon, Sie wollten mich wieder wegschicken!"

„Nein! Das will ich nicht! Aber ich möchte von Anfang an deutlich machen, dass ich kein Schulmediziner bin, der dem Patienten eine Pille verschreibt, und dann ist das Symptom weg, aber nicht die Krankheit! – Die Angst, von der Sie gesprochen haben, ist das Symptom, *nur* das Symptom. Die Krankheit liegt woanders. Und wo genau, das weiß ich nicht. Das weiß nur Ihr Unbewusstes! Und das werden Sie für Ihre Zwecke einspannen. Das wird Ihnen helfen. Und ich werde Ihnen helfen, dass Ihnen Ihr Unbewusstes hilft."

So hat sich Norbert den Beginn seiner Therapie nicht vorgestellt. Ist er enttäuscht, bevor die Therapie angefangen hat? Nein! Überrascht ist er, nicht enttäuscht! – Ja, wie hatte er sich den Anfang eigentlich vorgestellt? Genau weiß er es nicht. Ein bisschen hatte er wohl doch gehofft, dass er eine Pille bekäme, und „simsalabim", die Angst ist weg! Naja, bei

Licht betrachtet ist das natürlich Blödsinn! Aber irgendwie ist man ja daran gewöhnt: Hast Du Kopfschmerzen, schmeiß Dir eine Pille rein, und die Kopfschmerzen sind weg! Hast Du sonst ein Wehwehchen, schmier eine Salbe drauf, und das Wehwehchen ist weg! Und das ist ihm jetzt in diesem Moment klar geworden: So soll die Therapie nicht ablaufen. Aber wie dann? Dass er selbst quasi sein eigner Arzt sein soll, das kann er sich nicht vorstellen. Immerhin habe ich es geschafft, ihn neugierig zu machen. Er ist auf die nächste Stunde gespannt.

***

Die nächste Therapiestunde beginnt. Norbert befindet sich auf einer Wiese, auf *seiner* Wiese! Er hat sich diese Wiese so vorgestellt, und so ist sie dann auch geworden. Ich habe ihn gleich zu Beginn der Stunde hypnotisiert und ihn gelehrt, wie er sich selbst in Trance versetzen und natürlich auch wieder herausholen kann.
Jetzt beschreibt er mir, wie seine Wiese aussieht.
Zunächst gibt es nichts Außergewöhnliches auf der Wiese. Die Sonne scheint, es ist angenehm warm. Norbert fühlt sich rundherum wohl.
Nach einem ersten oberflächlichen Rundgang, nur um die Wiese ein wenig kennen zu lernen, fällt ihm auf, dass ihm seit einiger Zeit ein Hund folgt. Ein wunderschöner Schäferhund! Er lockt ihn problemlos ganz zu sich heran. Schwanzwedelnd sitzt er vor ihm und lässt sich streicheln.
Ich bitte ihn, er solle sich einen Augenblick mit dem Hund vertraut machen, indem er ihn intensiv streichelt. Dann frage ich ihn, ob er wisse, wie der Hund heißt. Einen Augenblick ist es still, als denke Norbert nach. Dann sagt er:
„Der Hund heißt Hasso."
„Woher wissen Sie das?"
„Das hat er mir gesagt!"

„Das ist gut! – Dann fragen Sie ihn doch, ob er sie während unserer Therapie auf ihrer Wiese begleiten will!" Nach einer kurzen Pause: „Na, was
sagt er?"

„Er sagt: Er *will* mich begleiten."

„Dann bedanken Sie sich bei ihm mit ihrer inneren Stimme! – Ich habe
die Idee, Sie sollten ihn fragen, ob er für Sie die Rolle eines Inneren
Freundes übernehmen will. Ich will damit sagen, ob er eine Mittlerrolle
zwischen Ihnen und Ihrem Unbewussten übernehmen will und ob er
Ihnen so helfen will, Ihr Problem zu lösen!"

Es entsteht eine längere Pause. Aber die Bewegungen im Gesicht von
Norbert Schütz zeigen, dass er dabei ist, Arbeit zu leisten. Irgendwie ist
das eine schizophrene Situation: Auf der einen Seite befindet er sich auf
seiner Wiese. Es ist schönes Wetter, und er fühlt sich pudelwohl. Auf der
anderen Seite weiß er natürlich, dass er sich in meinem Patientensessel
in Trance befindet. Auf seiner Wiese redet er mit einem Hund und bekommt Antworten. Eigentlich eine irrwitzige Situation! Jeder auch nur
halbwegs vernünftige Mensch würde ihn für total verrückt halten. Aber
für ihn erscheint das als völlig normal und real, obwohl er ja eigentlich
weiß, dass es so etwas nicht geben kann. Aber der Hund antwortet tatsächlich, obwohl das ja eigentlich nicht sein kann.

Ich beobachte ihn genau. Nach etwa einer Minute frage ich ihn:
„Was ist jetzt?"

„Ja, jetzt hat Hasso die Rolle, um die ich ihn gebeten habe, akzeptiert. Er
wird mir helfen, das hat er versprochen. Ich habe mich auch schon bei
ihm bedankt."

„Dann sagen Sie ihm, dass Sie jetzt jeden Tag zu ihm kommen, um mit
ihm auf der Wiese spazieren zu gehen, und dass Sie sich freuen würden,
wenn er Sie dann immer von Anfang bis Ende begleitet!"

„Ja, genau das wird er machen."

Ich gebe Norbert noch die folgende Hausaufgabe: Jeden Tag mindestens
einmal soll er auf die Wiese gehen und mit Hasso reden und möglichst

jeden Winkel der Wiese erforschen. Vor allen Dingen sei es wichtig festzustellen, was sich auf der Wiese verändert habe. Dann ist die Sitzung beendet.

In den nächsten Tagen übt Norbert sehr fleißig. Jeden Tag mindestens einmal, häufig aber auch zweimal, durchquert er mit seinem Inneren Freund Hasso die gesamte Wiese. Er ist am Ende der Woche bis zur nächsten Sitzung enttäuscht, weil sich nichts auf der Wiese verändert hat und auch absolut nichts Ungewöhnliches geschehen ist. Ein wenig zweifelt er, ob diese Art der Therapie wohl die Richtige ist. Vielleicht versteht ja auch der Therapeut sein Handwerk nicht!

Mit sehr zwiespältigen Gefühlen geht er in die nächste Sitzung. Aus seinem Bericht über die „Ereignisse" der letzten Woche auf der Wiese höre ich eine gewisse Unzufriedenheit heraus. Aber ich gehe nicht darauf ein. Vielmehr bitte ich ihn, sich auf die Wiese zu seinem Inneren Freund zu begeben.

Als er auf seiner Wiese ankommt, wartet sein Innerer Freund bereits schwanzwedelnd auf ihn.

„Bedanken Sie sich bei ihm, dass er für Sie da ist und dass er sich freut, Sie zu sehen!" sage ich, und ich fahre fort: „Bitten Sie Ihren Inneren Freund, er möge Ihnen Bilder oder Erlebnisse aus der Vergangenheit schicken, die mit Ihrer Angst und Panik zu tun haben."

Es tritt eine längere Pause ein. Ich beobachte meinen Patienten genau. Schließlich frage ich ihn: „Na, was ist jetzt?"

„Ich sehe nichts."

„Was heißt `nichts`?"

„Ich bin auf meiner Wiese, alles ist schön und angenehm, aber Bilder oder Erlebnisse, die mit der Angst zusammenhängen, habe ich nicht."

„Und der Hund?"

„Ist bei mir und freut sich des Lebens."

„Bitten Sie ihn noch einmal!"

Wieder tritt eine Pause ein, die noch länger ist als die vorige. Schließlich nimmt das Gesicht des Patienten einen Ausdruck höchsten Erstaunens an.

„Na, was ist jetzt?" frage ich.

„Komisch! – Ich werde immer kleiner! – Ich bin ganz klein, ein kleiner Junge! Fast noch ein Baby! – Da ist ja meine Mutter! – Die hat mich auf dem Arm. – Ich habe Angst, schreckliche Angst."

„Was ist mit dem Hund?"

„Der ist auch dabei."

„Fragen Sie ihn, ob er weiß, was jetzt geschieht!"

„Der sagt: ʾDu wirst schon sehen! Warte es doch abʾ! – Wir gehen jetzt weg."

„Wieso ʾwegʾ? – Wohin?"

„Ich weiß nicht. – In ein Haus? – Ja, in ein Haus."

„Was für ein Haus?"

„Ich weiß nicht. – Sieht aus wie ein Krankenhaus. – Wir gehen da jetzt rein."

„Ihre Mutter und Sie?"

„Ja, meine Mutter hat mich auf dem Arm. – Ich habe Angst."

„Sagen Sie Ihrer Mutter, dass Sie Angst haben! – Was ist jetzt?"

„Meine Mutter sagt nichts. – Wir gehen einen langen Gang hinunter, einen sehr langen Gang! – Jetzt sind wir am Ende. Da ist eine Tür, da muss man klingeln. – Ich habe schreckliche Angst."

Der Patient beginnt zu weinen. Ich reiche ihm ein Papiertaschentuch. Immer wieder durch Weinen unterbrochen sagt er:

„Jetzt muss ich auch noch weinen! Aber ich bin doch ein kleiner Junge, und ich habe schreckliche Angst!"

Offenbar ist es dem Patienten peinlich, dass er weinen muss. Ich tröste ihn:

„Das ist überhaupt nicht schlimm! Weinen Sie ruhig. Dadurch wird die Angst ein bisschen kleiner, nicht wahr?"

Norbert Schütz wischt sich die Tränen ab und sagt weinend:
„Ja, aber nur ein bisschen!"
Eine Weile wird der Patient immer wieder durch einen regelrechten Weinkrampf geschüttelt. Dann scheint es ihm ein wenig besser zu gehen.
„Was ist jetzt?" frage ich.
„Da kommt eine Krankenschwester raus. – Eine ganz große Frau in einem weißen Kittel. – Ganz groß! – Riesengroße Hände!" Der Patient stöhnt und schluchzt. "Nein! – Ich will nicht! – Ich will nicht!"
„Was ist jetzt? – Was wollen Sie nicht?"
„Ich will da nicht rein! – Ich kriege keine Luft!"
„Was ist denn geschehen?"
„Die große Frau hat mich aus dem Arm meiner Mutter gerissen und mich an ihre dicke Brust gedrückt. – Ich bekomme keine Luft!" Der Patient atmet schwer. „Jetzt bringt sie mich in ein Zimmer und legt mich ins Bett. – Da bin ich ganz allein. Keiner hört mich. Ich kann ruhig schreien, keiner hört mich!" Norbert Schütz befindet sich in höchster Aufregung und hyperventiliert.
Ich bemühe mich, ganz ruhig und langsam zu sprechen:
„Wo ist denn, der Hund, Ihr Innerer Freund?"
Norbert reagiert ein wenig empört, als wolle er sagen: ´Das hättest Du doch wissen müssen´!:
„Der musste doch auch draußen bleiben! – Wie meine Mutter! – Es durfte doch keiner mit rein, ein Hund schon gar nicht!"
Ich bemerke den etwas ungehaltenen Tonfall und sage beschwichtigend:
„Aber Ihr Innerer Freund wird Sie hören, wenn Sie ihn etwas fragen, auch wenn er draußen bleiben musste. – Fragen Sie ihn, warum nicht wenigstens ihre Mutter rein darf. Sie haben doch Angst ohne Ihre Mutter."
„Er sagt, das ist ein Krankenhaus, da dürfen Mütter und Hunde nicht mit hinein."
„Sagen Sie ihm, Sie hätten aber Angst ohne Ihre Mutter."

44

„Er sagt, ich sei doch dumm. Ich hätte doch bloß ein Bild von meiner Mutter malen sollen. Das hätte ich dann in meinem Zimmer aufgehängt, und dann hätte ich immer mit meiner Mutter sprechen können, und sie wäre immer bei mir."

„Das ist ja eine tolle Idee! – Jetzt drehen Sie das Zeitrad einfach eine Viertelstunde zurück. Und wenn Sie dann noch draußen sind mit Ihrer Mutter zusammen, dann malen wir schnell ein Bild von Ihrer Mutter. – Konzentrieren Sie sich jetzt darauf, das Zeitrad zurück zu drehen!"

„Ja, jetzt ist es wieder schön. Meine Mutter hält mich auf dem Arm."

„Jetzt malen Sie ein Bild von Ihrer Mutter! – Haben Sie es?"

„Ja, fertig!"

Norbert Schütz hat einen befriedigten und zugleich gespannten Gesichtsausdruck, als sei er gespannt auf das, was jetzt kommen wird.

„Jetzt können Sie ja", schlage ich vor, „mit Ihrer Mutter wieder den Gang hinunter gehen bis an die Tür, und dann klingelt Ihre Mutter dort. Sie wissen ja schon, was gleich passiert. Bereiten Sie sich darauf vor. Gleich kommt die große Frau mit den dicken Brüsten und bringt Sie in Ihr Zimmer. Und dann hängen Sie das Bild Ihrer Mutter in dem Zimmer auf, und zwar so, dass Sie es sehen können, wenn Sie im Bett liegen."

„Ja, jetzt werde ich wieder in mein Zimmer gebracht, und dann bin ich ganz allein."

„Sie haben doch das Bild Ihrer Mutter dabei!"

„Aber das ist doch noch nicht aufgehängt!"

„Dann hängen Sie es doch auf. Ich würde es an die gegenüberliegende Wand hängen. Nicht zu niedrig, damit Sie es im Liegen sehen können!"

„Ja, jetzt ist es aufgehängt. – Schön!"

***

Norbert Schütz geht ein wenig verwirrt nach Hause. So etwas hatte er noch nie erlebt! – Ja, ʹerlebtʹ! Er hat es erlebt, nicht etwa geträumt oder sich an die Ereignisse erinnert, nein, er hat sie erlebt! Unfassbar! Er 'war' ein kleiner Junge! Er 'hatte' Angst!

Richtig ist, dass er eine Blinddarmnarbe besitzt. Dieser Operation hat er sich als kleiner Junge unterziehen müssen, das hat ihm einmal seine Mutter erzählt, als er die Narbe an seinem Körper entdeckt hatte und nicht wusste, was das war. Aber erinnern konnte er sich nicht daran. Er nimmt sich vor, seine Mutter bei dem nächsten Besuch danach zu fragen, wann das war.

Je länger er sich die Ereignisse der letzten Therapiestunde durch den Kopf gehen lässt, desto mehr wundert er sich: Da kann man einen Menschen mit Hypnose einfach in eine andere Zeit versetzen! Und dann erlebt er die Dinge noch einmal, die er schon einmal erlebt hat. – Ja, hatte er das denn damals genau so erlebt, wie er es jetzt in Trance erlebt hat? Seine Mutter müsste sich ja noch daran erinnern. Das müsste er sie auch unbedingt fragen. Vielleicht waren das ja auch alles nur Halluzinationen! Naja, entscheidend ist ja schließlich, dass seine Angst verschwindet. Dann ist es ja eigentlich egal, ob es Halluzinationen sind oder ob es sich in Wirklichkeit so zugetragen hat! Trotzdem ist er neugierig, ob es sich so zugetragen hat. Außerdem würde er sich in den nächsten Tagen genau beobachten, ob er Angst hat oder nicht!

Die Gedanken schießen ihm kreuz und quer durch den Kopf. Und als er zu Hause ist, empfindet er eine solche Neugier zu erfahren, wie es denn damals wirklich war, dass er sich entschließt, nicht bis zum nächsten Besuch zu warten, sondern seine Mutter sofort anzurufen. Er merkt, wie geradezu Panik in ihm aufsteigt, als es zum dritten Mal klingelt und seine Mutter noch immer nicht abgenommen hat. Aber das ist ein gänzlich anderes Gefühl als die schreckliche Angst, mit der er sein Leben lang bisher gelebt hat! – Endlich! Beim fünften Klingeln meldet sich seine Mutter. Sofort sprudelt er los und stellt seiner Mutter gleich mehrere Fragen hintereinander, ohne sie zu Wort kommen zu lassen.

„Norbert! – Norbert! – Norbert!"

Dreimal und mit wachsender Lautstärke muss ihn seine Mutter ansprechen, bis er merkt, dass er seiner Mutter keine Möglichkeit lässt, seine vielen Fragen zu beantworten.

„Um Gottes willen, Norbert! Was ist denn los mit Dir? – Du bist ja völlig aus dem Häuschen!" sagt seine Mutter. „Mein Gott! Das ist vierzig Jahre her! Wozu ist das denn heute noch wichtig? – Ja, es ist richtig, wir mussten einen langen Gang hinunter gehen. Ja, und da war auch eine Klingel. Naja, das war damals halt so üblich, dass die Mütter nicht mit auf die Station durften. Das war schließlich anders als heute! Aber ob die Krankenschwester dicke Brüste hatte? Norbert! Bist Du sicher, dass mit Deinem Hormonhaushalt alles in Ordnung ist? Vielleicht solltest Du Dir doch eine Freundin anschaffen, wenn Dich jetzt schon die Brüste der Krankenschwester von vor vierzig Jahren aufregen!"

Norbert ist sehr nachdenklich nach dem Gespräch mit seiner Mutter. Er verbringt den ganzen Abend im Sessel bei einer Flasche Rotwein. Erst als er gegen Mitternacht ins Bett geht, fällt ihm auf, dass es nicht einen einzigen Augenblick gegeben hat, in dem er Angst gehabt hat.

Der Rotwein und die späte Stunde lassen Norbert tief und erholsam schlafen.

Der Wolf zwischen zwei Welten

Johann Feeken, ein vierschrötiger Ostfriese, etwa 1,85 groß, liegt total erledigt im Ehebett. Am liebsten würde er losheulen! Aber das will er seiner Frau nicht antun: auch noch einen *heulenden* Ehemann im Bett! – Was ist bloß mit ihm los? Schließlich ist er gerade erst vierzig! Und schon impotent? Das kann doch nicht sein!

„Nimm Dir das doch nicht so sehr zu Herzen!" tröstet ihn seine Frau. „Das kann doch schon mal passieren!"

„Schon mal passieren, schon mal passieren!" äfft er sie genervt nach. „Ich bin vierzig! – Im besten Mannesalter! – Und da kann so etwas eben nicht passieren! – Was ist bloß mit mir los?"

„Vielleicht hast Du auf der Arbeit ein bisschen Stress gehabt, oder vielleicht brütest Du eine Grippe aus. Das kann doch sein. – Jedenfalls ist das doch kein Drama!"

„Kein Drama, kein Drama! – Das ist ja nicht das erste Mal! – Nein! Dagegen muss ich etwas unternehmen. Das geht so nicht weiter!"

„Nun übertreib doch nicht gleich so! Oder glaubst Du, ich ginge gleich fremd, nur weil es mal nicht so richtig geklappt hat. – Vielleicht liegt es ja auch an mir? Vielleicht bin ich ja nicht mehr attraktiv genug? Schließlich werde ich ja auch schon vierzig!"

Johann, dessen Blick bisher starr an die Zimmerdecke gerichtet ist, dreht sich zu seiner Frau um. Er sieht ihr lange in die Augen. Dann küsst er sie ganz zärtlich. Wieder sieht er sie an und sagt dann:

„So einen Blödsinn möchte ich nicht noch einmal hören! Versprich mir das!"

Dann küsst er sie erneut, ohne eine Antwort abzuwarten. Sein Entschluss steht fest: Er braucht professionelle Hilfe.

Das Ehepaar Feeken unterhält sich noch eine Weile darüber. Swantje Feeken hat die Idee, er solle zu dem Heilpraktiker gehen, dessen Praxis auf dem Weg zur Arbeit liegt. Johann ist sich nicht sicher, ob ein Heilpraktiker der richtige Ansprechpartner für ihn ist. Schließlich ist der ja kein Arzt! Aber die Praxis heißt ja 'Praxis für Naturheilkunde und Hypnose'!

„Du!" sagt Swantje. „Das ist ein Hypnotherapeut! Da brauchst Du Dich nicht auszuziehen! Der behandelt nicht Deinen Schniedel, sondern Deine Seele. Deine Impotenz spielt sich, glaube ich, mehr im Kopf ab als im Schniedel!"

„Dann sollte ich doch besser zu einer Ärztin gehen!" kontert Johann. „Vielleicht weiß die ein paar Tricks, wie ich ..."

Noch während Johann nach den geeigneten Worten sucht, unterbricht ihn Swantje:

„Untersteh Dich!"

Sie schwingt sich auf seinen Bauch und trommelt mit ihren Fäusten auf seine Brust.

„Wehe! Dann werde ich zur Hyäne!"

Wieder küssen sie sich. Dann scheint die Abmachung perfekt: Johann Feeken meldet sich zur Hypnotherapie bei mir an.

***

Ein bisschen Herzklopfen hat er schon, als er mir gegenüber sitzt und ich ihn frage, was ich für ihn tun kann. Zunächst einmal eiert er ein wenig um den heißen Brei herum. Dann fasst er sich ein Herz:

„Ach, was suche ich nach Ausflüchten? – Fakt ist: Ich bin seit einiger Zeit impotent. Und das kann doch nicht sein mit vierzig Jahren!"

Nun ist es raus. Johann fühlt sich ein wenig befreit. Er macht erst einmal eine Pause. 'Mal sehen, was der Therapeut zu sagen hat'.

„Herr Feeken! Das ist in der Tat für einen Mann in Ihrem Alter unge-wöhnlich. – Das kann sehr unterschiedliche Ursachen haben. Da gibt es zunächst die Ursache 'Stress'. Wenn ein Mann besonderen Stress hat, kann das schon einmal auf die Potenz schlagen. Es kann auch rein kör-perliche Ursachen haben, die ich jetzt nicht einzeln nennen möchte. Die sollten Sie doch erst einmal, bevor wir beide eine Therapie anfangen, von einem Arzt abklären lassen. Allerdings würde ich es mir an Ihrer Stel-le nicht gefallen lassen, mit so ein paar Potenzpillen abgespeist zu wer-den. In Ihrem Alter ist es schon sinnvoll, nach Ursachen zu suchen und die dann zu therapieren. Ich mache Ihnen den folgenden Vorschlag: Wir machen einen Termin, der etwa in vierzehn Tagen liegt. In der Zwi-schenzeit lassen Sie sich von einem Arzt untersuchen. Und wenn der nichts Außergewöhnliches findet, dann beginnen wir eine ursachenori-entierte Hypnotherapie. Und dann ist die Wahrscheinlichkeit recht groß, dass es uns beiden gelingt, dies als vorübergehende Potenzstörung zu entlarven und die Ursachen zu beheben. – Was halten Sie davon?"
„Und Sie meinen, dass die Sache dann in den Griff zu bekommen ist?"
„Wenn es sich um psychische Ursachen handelt, dann kriegen wir das mit Hypnose mit großer Wahrscheinlichkeit hin!"

***

Eine schulmedizinische Untersuchung zeigt, dass bei Johann Feeken organisch alles in Ordnung ist und es keine Ursache für eine Erektions-störung gibt.
Eine erste Tranceübung zeigt, dass der Patient leicht in eine gute Ar-beitstrance geht. Schon in der ersten Hypnosesitzung gelingt es, einen Wolf als seinen Inneren Freund auf *seiner* Wiese zu installieren. Es gibt sogar eine Stelle auf seiner Wiese, an der sich Johann Feeken besonders wohl fühlt, ein dicke alte Eiche. Ich nenne diese die 'Quelle der Inneren Kraft'.

In der zweiten Sitzung führt der Innere Freund, der Wolf, den Patienten in ein auf der Wiese stehendes Haus, in welchem der Patient zunächst ein paar Alltagsszenen aus seiner Kindheit erlebt. Es handelt sich, wie sich heraus stellt, um das Haus, welches seine Großeltern gebaut haben, in welchem seine Eltern jetzt noch leben.

Dann wechselt die Szene, das Haus bleibt dasselbe: Die Großeltern sind noch jung, seine Mutter und ihr Bruder mit Namen Heye, einem alten ostfriesischen Männernamen, spielen auf dem Hof.

Im Anschluss an die Tranceerlebnisse am Ende der Sitzung ist Johann Feeken ziemlich ratlos. Er kann sich überhaupt nicht vorstellen, was diese Szenen mit seinem Potenzproblem zu tun haben. Das sagt er auch und bittet mich um Aufklärung. Allerdings versichere ich ihm nur, dass ich erst recht keine Ahnung habe. Aber ich beruhige ihn ein wenig, indem ich ihm sage, dass ich der festen Überzeugung sei, das Unbewusste wisse genau, was zu tun sei und was gut für den Patienten sei.

Ein keineswegs zufriedener, aber ein nachdenklicher Johann Feeken geht nach Hause.

Als die dritte Sitzung beginnt, wird gleich zu Anfang der Wolf gefragt, was denn diese Bilder aus dem Elternhaus des Patienten mit der Problematik des Patienten zu tun hätten. Der Wolf antwortet: „Wart's doch ab!" und ist zu keiner weitergehenden Antwort zu bewegen. Aber er erklärt sich bereit, erneut Bilder zu schicken, die vielleicht eine Antwort geben.

Der Patient erzählt:

„Ich gehe auf einem Feldweg, und ich habe das Gefühl, dass ich weiß, wohin ich zu gehen habe, obwohl ich diese Gegend überhaupt nicht kenne. Neben mir trottet ein Schäferhund. Ich glaube, das ist meiner. Ich bin aber nicht ganz sicher."

Ich frage dazwischen:

„Ist das nicht Ihr Wolf?"

„Nein! – Mein Wolf ist ja mein Innerer Freund. Der ist doch immer bei mir!"

Dem Tonfall nach zu urteilen sagt er: 'Mein Gott! – Was bist Du blöd, dass Du das nicht weißt'! Dann spricht er weiter:

„Dies ist ein Schäferhund, kein Wolf. Irgendwie weiß ich, dass der mich begleiten soll. Aber wohin? – Ich habe einen Auftrag, den ich erledigen muss."

Johann Feeken schildert die Landschaft, durch die sein Schäferhund und er gehen, in allen Einzelheiten. Quasi beiläufig erwähnt er, dass er vor dem Feind auf der Hut sein müsse, denn es habe schon mehrere Vorfälle gegeben, wo sich herausgestellt habe, dass 'die nicht lange fackeln'!

Ich mache ein Gesicht, als komme ich mit der Schilderung meines Patienten nicht mehr mit, als hätte ich den Faden verloren. Ich nutze eine kleine Pause in dem Redefluss des Patienten, um zu sagen:

„Ich bin im Augenblick etwas verwirrt. – Aus welchem Jahr stammen denn diese Bilder? Was schreiben wir denn für eine Jahreszahl?"

Mit einem leicht vorwurfsvollen Unterton aber wie aus der Pistole geschossen antwortet Johann Feeken:

„1943!"

Ich brauche einige Zeit, bis ich meine momentane Sprachlosigkeit überwinde.

„Würden Sie mir Ihren Namen verraten?" frage ich.

„Sicher! – Ich heiße Heye Janssen."

„Und wann und wo sind Sie geboren?"

„Am 17. Juni 1924 in Aurich."

„Am 17. Juni 1924 in Aurich", wiederhole ich die Aussage von Johann Feeken fast mechanisch. „Erzählen Sie ein bisschen aus Ihrem Leben!"

Die Stirn des Patienten umwölkt sich, als komme ihm just in diesem Moment ein schwerwiegender Gedanke in den Sinn. Er sagt ein wenig unsicher:

„Oh! – Was ist das denn? – Da bin ich ja mein eigener Onkel! – Geht denn das? – Nee! Das geht doch gar nicht! – Oder?"

Ich bin ein wenig überrascht. Aber als erfahrener Therapeut gerate ich keineswegs in Schwierigkeiten. Sondern ich sage ganz ruhig:

„Wollen Sie es genauer wissen? – Dann lassen Sie ihn doch erzählen!"

Johann erzählt weiter, als sei nichts geschehen:

„Ja, ich bin in Aurich aufgewachsen und dort dann zum Gymnasium gegangen."

Dann macht er eine Pause, als müsse er überlegen.

„Und dort haben Sie Abitur gemacht?" frage ich.

Johann antwortet nicht gleich, sondern er scheint zu überlegen, was er sagen soll. Dann, so als ringe er sich zu einer Antwort durch:

„Ja, das ist so 'ne Sache! – Eigentlich soll das ja keiner wissen. Aber, was soll's! Ist ja schon lange her! Ich hatte da so eine dumme Sache. Die wollten mich von der Schule schmeißen. Da bin ich abgegangen, und mein Vater hat es dann geschafft, dass ich dann in Leer noch Abitur machen konnte. Aber das darf niemand wissen! – Niemand!"

„Okay! Das erfährt auch niemand! Und dann?"

„Dann bin ich gleich Soldat geworden. Der Krieg war ja schon in vollem Gange. – Und jetzt bin ich hier in Russland."

Dann folgt eine lange Pause. Wie zu sich selbst sprechend fährt er fort:

„Das ist ja vielleicht ein Ding! – Da sitze ich hier und bin mein eigener Onkel! – Ich sitze hier und bin in Russland! – Das verstehe ich alles nicht!"

„Fragen Sie Ihren Wolf, was der dazu sagt!"

„Der macht sich die Sache leicht. Der sagt, ich solle ihm nur vertrauen. Aber kann ich das bei so einer verrückten Geschichte?"

Ich führe Johann wieder zurück in die Gegenwart. Er ist ziemlich verwirrt und wiederholt stereotyp:

„Sowas habe ich noch nicht erlebt!"

Ich erkläre ihm, was Reinkarnation bedeutet. Davon hatte er noch nichts gehört. Staunend hört er zu. Kopfschüttelnd verlässt er schließlich die Praxis.

Zu Beginn der folgenden Sitzung erzählt er, er habe die ganze Woche darüber nachgedacht. Und so sehr er sich auch Mühe gebe, glauben könne er das nicht. Außerdem wisse er überhaupt nicht, was das mit seinem eigentlichen Problem zu tun habe. Das sei für ihn so was von irreal, dass er sich nicht einmal getraut habe, seiner Frau davon zu erzählen, geschweige denn jemand anderem.

„Nachher kommen die Jungs, die die Jacke hinten zubinden!"

In der Trance lasse ich zuerst seinen Wolf befragen, ob er ihm sagen könne, was das alles mit seinem Problem zu tun habe.

„Er sagt, das würde ich schon früh genug erfahren. Ich solle ihm vertrauen, " sagt der Patient.

„Und? – Tun Sie das?"

„Was bleibt mir anderes übrig! – Die Sache muss ja irgendwie weiter gehen!"

„Okay! Dann lassen Sie sich mal wieder nach Russland führen!"

„Ja, ich bin mit meinem Schäferhund auf einer geheimen Mission. Ich muss durch Feindgebiet zu einem Brückenkopf von unseren Männern. Denen muss ich eine Botschaft bringen. Aber ich darf mich nicht vom Feind erwischen lassen. Die fackeln nicht lange. – Wenn ich ehrlich bin, habe ich ein bisschen Angst."

„Und was für eine Botschaft ist das?"

„Die ist doch geheim!"

„*Mir* können Sie es doch sagen!"

„Ich kenne sie doch selber nicht. Die ist doch verschlüsselt! Ich muss meinen Kameraden bloß das Papier geben, und die entschlüsseln es dann."

Plötzlich beginnt der Patient zu hyperventilieren. Er erzählt voller Panik, aber im Flüsterton, er habe ein Geräusch gehört und müsse sich jetzt im

Unterholz verstecken. Er wolle auf keinen Fall in die Hände des Feindes fallen.

Ich führe den Patienten schließlich wieder auf seine Wiese zurück. Ein Aufenthalt an seiner Quelle der Inneren Kraft sorgt dafür, dass er sich langsam von seinen Erlebnissen in Russland erholt.

Zu Beginn der nächsten Sitzung erklärt Johann, er habe sich schon etwas an die schizophrene Situation gewöhnt, dass er, ein Mann aus dem Geburtsjahr 1959, Ereignisse aus dem zweiten Weltkrieg erzähle, die er als sein eigener Onkel erlebt habe.

Wie selbstverständlich geht der Patient in Trance wieder nach Russland. Dann passiert es: Trotz aller Vorsicht gerät er in die Hände der Russen. Sie nehmen ihm das geheime Papier ab und wollen wissen, was darin geschrieben steht. Niemand glaubt ihm, dass er es selber nicht weiß. Man erschießt erst einmal seinen Schäferhund und droht ihm, ihn als nächsten zu erschießen, wenn er den Inhalt des Papiers nicht verrät. Man foltert ihn. Er erleidet Schreckliches. In dieser Situation bittet er den Wolf, der doch eigentlich gar nicht *sein* Wolf, sondern der seines Neffen ist, er solle ihm helfen. Der Wolf sagt zu 'Onkel Heye', dass er ihm leider nicht helfen kann. Über dieses Geschehen ereifert sich Johann Feeken:

„*Der* bittet *meinen* Wolf, er soll ihm helfen, dabei ist das doch *mein* Wolf! – Aber *ich* brauche ja eigentlich keine Hilfe, sondern *der* da! – Kann *ich* Dir irgendwie helfen, Onkel Heye? – Was soll ich nur machen?"

Die Situation entpuppt sich anscheinend als der gordische Knoten. Mir wird mit einem Schlage bewusst: Dort gibt es meinen Patienten Johann und seinen Onkel Heye. Beide leben zu unterschiedlichen Zeiten und in absolut verschiedenen Welten. Der Innere Freund des einen redet sowohl mit dem einen als auch mit dem anderen, auch Onkel und Neffe kommunizieren miteinander, obwohl der eine etwa fünfzehn Jahre nach dem Tod des anderen geboren wurde. Und zu allem Überfluss schreit der Patient aus Leibeskräften, weil sein Onkel gefoltert wird.

Ich halte diese Situation nicht mehr aus. In meiner Panik pfeife ich auf den obersten Grundsatz der Erickson'schen Hypnotherapie, den ich vielen, vielen Patienten schon gepredigt habe, nämlich: „das Unbewusste des Patienten führt die Regie". Ich suggeriere dem Patienten innerhalb weniger Sekunden, er befinde sich wieder im Hier und Jetzt, und ich hole ihn quasi mit Gewalt aus der Trance heraus.

Ich mache mir insgeheim Vorwürfe, das sei absolut unprofessionell. Aber *ich* habe diese Situation nicht mehr aushalten können. Innerhalb der letzten Minuten waren mir riesengroße Schweißflecken unter den Achseln gewachsen. Ich bin froh, als diese Stunde zu Ende ist.

Auf die nächste Stunde bereite ich mich noch sorgfältiger als sonst vor. Ich weiß, ich muss den Patienten bei der Folter dissoziieren, damit die Folter für ihn (und für mich selbst!) erträglich ist. Ich nehme mir vor, den Wolf, der ja ohnehin schon zwischen der Welt des Onkel Heye und der Welt des Neffen Johann hin und her pendelt, dafür einzuspannen.

Die Dissoziation des Patienten organisiere ich, indem ich seinen Wolf mit Onkel Heye zu den Russen schicke und ihn die Folter von Onkel Heye beobachten lasse. Der Wolf berichtet dann dem Patienten davon, und dieser berichtet mir. Auf diese Weise hält sich das Leiden, das der Patient in dem Moment *empfindet*, in vertretbaren Grenzen. Schließlich *erleidet* der Patient die Folter dank der Dissoziation nicht selbst, sondern ihm wird von der Folter nur *berichtet*.

Die Folter bleibt natürlich wirkungslos, denn Onkel Heye weiß ja wirklich nicht, was in dem verschlüsselten Text steht. Folglich kann er ihn auch nicht verraten. Nach der Folter liege Onkel Heye, so sagt der Wolf, wie tot dort und brauche mindestens zwei Stunden, bis er sich wieder bewege. Der Wolf befürchtet, dass er eine weitere Folter dieser Art nicht mehr übersteht.

Ich schlage vor, auf der Zeitlinie einen Tag weiter vorwärts zu gehen. Der Wolf berichtet wieder von der unerträglichen Folter. Dann stellt er fest,

Onkel Heye sei jetzt gestorben. Ich frage nach dem Datum. Ich erhalte von dem Wolf die Antwort, es sei der 15. Januar 1944.

Johann Feeken zuckt zusammen und sagt:

„Oh Gott! – Das ist ja mein Geburtstag! – Mein Onkel ist an *meinem* Geburtstag gestorben! – Bloß 15 Jahre früher."

Es tritt eine ziemlich lange Pause ein. Johann Feeken rollen ein paar Tränen über die Wangen. Auch ich erwecke den Eindruck, als hinge ich in den Seilen. Aber ich raffe mich schließlich zu dem folgenden Impuls auf:

„Fragen Sie Ihren Wolf, was es dort noch zu tun gibt?"

„Der Wolff sagt, es gibt da nichts mehr zu tun. Wir sind auch schon nicht mehr in Russland, sondern wieder hier. Aber ich verstehe immer noch nicht, was das alles soll."

„Fragen Sie Ihren Wolf!"

„Ja, das verstehe ich alles nicht. Der sagt, ich hätte die ganze Zeit das Leid von meinem Onkel getragen. Aber was habe *ich* damit zu tun?"

„Fragen Sie Ihren Wolf!"

„Er sagt, ich bin die Wiedergeburt meines Onkels, und deshalb habe ich sein Leid getragen. Was soll ich denn nun machen?"

„Fragen Sie, ob das denn jetzt noch nötig ist, dass Sie sein Leid tragen!"

„Er sagt, ich brauche nichts mehr zu tragen. Ich weiß ja jetzt, dass mein Onkel tot ist. Damit ist sein Leid ja beendet, und es würde niemandem helfen, wenn *ich* weiter leide."

Der Wolf führt den Patienten wieder auf die Wiese zu seiner Quelle der Inneren Kraft. Dort umarmt dieser die Eiche und tankt viel Kraft, vor allen Dingen aber die Fähigkeit, das Leid, was sein Onkel Heye hat tragen müssen, bei diesem zu lassen und es nicht mehr in sein eigenes Leben zu übernehmen.

Johann hat die Idee, bis zur nächsten Stunde seine Mutter nach Onkel Heye zu fragen, um einfach seine Neugier zu befriedigen, ob das, was er in Trance erlebt hat, wohl wahr sein könnte. Beide, Therapeut und Patient, sind gespannt.

Die nächste Sitzung, die letzte Therapiestunde, wie sich herausstellen soll, findet zwei Wochen nach der vorigen Stunde statt.
Der Patient kommt mit einem breiten Lächeln zur Tür herein.
Ich empfange ihn mit den Worten:
„Na, Sie freuen sich ja so. – Was gibt es denn für ein freudiges Ereignis?"
Johanns Lächeln wird noch eine Nuance breiter: „Jawohl, es gibt ein freudiges Ereignis: Es klappt wieder!"
„Was klappt wieder?"
Ich bin einen Augenblick begriffsstutzig.
„Na, was klappt wohl wieder?" sagt Johann, während er stehen bleibt und mich anschaut. – „Weshalb bin ich denn zu Ihnen gekommen?"
„Ach ja!" Ich greife mir an den Kopf. „Jetzt fällt es mir wie Schuppen von den Augen! – Das ist in der Tat ein freudiges Ereignis! Es freut mich, dass es wieder klappt."
„Ja, meine Frau freut das auch! Wir sind wieder zusammen."
Ich will die Euphorie Johanns nicht dämpfen. Aber ich möchte auch nicht, dass er enttäuscht ist, falls es sich nur um eine Eintagsfliege handelt. Deshalb frage ich ihn:
„Sind Sie sicher, dass es sich nicht nur um ein Einzelereignis handelt?"
„Ganz sicher! Was meinen Sie, wie wir das getestet haben! – Außerdem hab ich meinen Inneren Freund verstanden: Ich bin doch nicht bescheuert und lade mir die Angst und das Leid von meinem Onkel wieder auf! Der ist ja sowieso tot. Dem helfe ich damit auch nicht mehr. – Nee! Ich bin davon überzeugt, das Symptom `Impotenz` brauche ich nicht mehr. – Und wenn es mal wieder nicht klappt, dann komme ich wieder zu Ihnen – als Reklamation, versteht sich!"
Johann und ich müssen beide lachen. Johann ergreift mich und nimmt mich in den Arm. Ich bin zwar ein wenig überrascht, lasse es mir aber gern gefallen. Dann frage ich ihn:
„Haben Sie Ihre Mutter gefragt?"

„Ach ja, das hätte ich beinahe vor lauter Freude, dass es wieder klappt, vergessen. Das war ein interessantes Gespräch. Ich habe meiner Mutter gesagt, sie soll mir mal ein bisschen über Onkel Heye erzählen. Sie hat zwar erst ein bisschen blöd geguckt, aber dann hat sie angefangen: Onkel Heye ist tatsächlich am 17. Juni 1924 in Aurich geboren. Und dann hat sie erzählt, er habe in Aurich Abitur gemacht und sei dann gleich als Kanonenfutter an die russische Front gekommen. Dort sei er vermisst. Und dann habe ich einfach mal behauptet: 'Das stimmt doch überhaupt nicht. Der hat doch in Aurich am Gymnasium irgendeine Scheiße gebaut und ist von der Schule geflogen. Und dann hat er von Glück sagen können, dass er in Leer noch zum Abi antreten durfte'. – Aber da hätten Sie mal die alte Frau sehen sollen, wie die mit ihren achtzig Lenzen beinahe ausgeflippt ist. 'Das ist das bestgehütete Familiengeheimnis. Woher weißt Du das'? hat sie geschrien. 'Das kannst Du nur von Tante Thekla wissen. Das ist nämlich die einzige, die davon weiß und noch lebt. Da werde ich gleich mal anrufen'! Ich bin dann gegangen. Ich wusste ja jetzt, dass es wahr war. Aber so richtig verstehen tue ich das noch immer nicht. Ist ja letzten Endes auch egal. – Hauptsache, es klappt wieder!"

Der Mann in der Kirche

Martina Gödde ist 45 Jahre alt. Seit nunmehr 22 Jahren ist sie ihrer Einschätzung nach glücklich mit Hermann verheiratet. Kennen gelernt hat sie ihn, da sind sie und er noch Studenten gewesen. Es war Liebe auf den ersten Blick. Hermann ist auch noch Student, als sich Nachwuchs ankündigt, der natürlich nicht geplant ist. Nun, es ist eine Selbstverständlichkeit, dass Martina ihr Studium aufgibt. Natürlich wird geheiratet, wie sich das gehört! Es dauert noch ein Jahr, bis Hermann endlich Diplom-Ingenieur ist. In dieser Zeit wohnt die kleine Familie im Dachgeschoss des Hauses von Hermanns Eltern.

Es ist nicht immer leicht, zumal sich ja bald der zweite Nachwuchs einstellt. Aber Hermann hat dann ja eine Stelle und verdient gutes Geld, so dass es keine fünf Jahre mehr dauert, bis die junge Familie ihr eigenes Häuschen baut.

Zum Einzug gibt es ein großes Fest. Und dann geht alles seinen Gang: Die Kinder machen sich in der Schule gut, Martina schmeißt den Haushalt und kümmert sich um Haus und Garten, und Hermann macht Karriere.

Es hätte keinen Grund zur Klage gegeben, wenn sich da nicht ein Tröpfchen Wermut in den Wein eingeschlichen hätte: Martina merkt, dass es ihr zunehmend schlechter geht.

Anfangs hat sie es nicht ernst genommen, dass sie manchmal eine unerklärliche Angst überfällt. Das ist meistens ja auch morgens, wenn sie allein im Haus ist. Hermann hat sie überhaupt nichts davon sagen wollen. Der hat doch genug Stress in der Firma! Diese Angst überfällt sie gewöhnlich an Tagen, die auf eine schlaflose Nacht folgen.

Sie hat keine Ahnung, wieso sie unter Schlaflosigkeit leidet. Sie hat doch keine Sorgen! Es geht ihr doch rundherum gut! Die Kinder schlagen gut ein, und ihr Mann liebt sie! Was will sie mehr! Es ist ja auch nicht oft, nur vier bis sechs Nächte im Monat. Aber mit der Zeit wird es öfter. Schließlich vertraut sie sich ihrem Mann an.

Zunächst einmal macht der ihr Vorwürfe, dass sie es ihm nicht schon längst gesagt hat. Dann beratschlagen sie gemeinsam, was zu tun sei. Gemeinsam konsultieren sie ihren Hausarzt, der die ganze Familie seit Jahren bei Bedarf behandelt. Der sagt nach einer kurzen Anamnese: „Wie es scheint, geht so einem Angstzustand immer eine Schlafstörung voraus. Also behandeln wir erst einmal die Schlafstörung." Deshalb verschreibt er Martina Schlaftabletten.

Mit dieser Therapie hält sie sich eine lange Zeit über Wasser. Sie kann nicht sagen, dass sie von ihrem Leiden befreit ist, aber durch die Schlaftabletten gibt es einige Jahre keine Schlaflosigkeit mehr. Gegen die Angstzustände allerdings hilft diese Therapie nur etwa einen Monat. Dann gibt es sie auch ohne vorherige Schlaflosigkeit. Also müssen neben den Schlaftabletten auch Tabletten gegen die Angst her.

Jetzt ist Martina 45 Jahre alt. Die Kinder sind nicht mehr zu Hause. Ihr Sohn Mark, das Ältere von beiden Kindern, studiert Medizin in Münster. Ihre Tochter Kerstin hat erst vor kurzem das Abitur bestanden und studiert Lehramt in Hannover. Natürlich kommen beide zuweilen nach Hause, aber über die Woche ist es sehr ruhig im Hause Gödde.

Liegt es an der Ruhe oder am Beginn des Klimakteriums: Trotz Pillen gibt es wieder Schlaflosigkeit und Angstgefühle. Martina ist verzweifelt, als sie sich ihrem Mann anvertraut.

Hermann, ein Mann von schnellen Entschlüssen, entscheidet, Martina müsse sich einer psychotherapeutischen Behandlung unterziehen. Denn diese Quacksalberei mit den Pillen gegen dies und Pillen gegen das habe ja schließlich nicht geholfen. Und so erscheinen Martina und Hermann zur ersten Sitzung bei mir. Meine Adresse haben sie von einem Freund bekommen, dessen Frau ähnliche Störungen gehabt hat.

***

Ich höre geduldig zu, als sowohl Martina als auch Hermann jeweils ihre Version der ganzen Geschichte erzählen. Dann sage ich:
„Ja, Frau Gödde und Herr Gödde, dann haben sie ja die Schulmedizin hinter sich. Da brauchen wir ja dann nichts mehr abklären zu lassen. – Was ich Ihnen anbiete, ist eine Hypnotherapie. – Mit Hypnose bekommen wir die Ursache für Ihre Störung mit großer Wahrscheinlichkeit heraus. Und wenn wir die dann kennen, dann werden wir sie entsprechend behandeln. – Ich bin guter Hoffnung, dass Sie wieder ganz gesund werden."
Natürlich lassen sich Martina und Hermann noch einiges über Hypnose erzählen, denn sie haben wie die meisten Menschen keine Vorstellung davon, wie Hypnose funktioniert. Dann wird ein Termin für die nächste Woche gemacht. Beim Hinausgehen ermahne ich Martina noch, dass Psychotherapie, insbesondere Hypnotherapie, gewöhnlich nicht gut gehe, wenn der Ehemann dabei ist. Aber das hatten sich die beiden schon gedacht.
„Also dann bis zur nächsten Woche!"

***

Es stellt sich heraus, dass Martina sehr leicht in Trance geht. Deshalb entschließe ich mich, schon in der ersten Hälfte der ersten Hypnosesitzung mit ihr auf ihre Wiese zu gehen.
„Stellen Sie sich eine Wiese vor, die so aussieht, wie Sie eine Wiese gern haben. Sie befinden sich auf dieser Wiese und fühlen sich sehr wohl. –

Ich weiß nicht, ob Sie auf dieser Wiese sitzen oder spazieren gehen. Sagen Sie es mir?"

Wie immer warte ich einen Augenblick in der Hoffnung, ich bekomme gleich die Rückmeldung 'ich sitze auf der Wiese' oder 'ich gehe spazieren'. Aber ich habe mich getäuscht.

Nach einer Weile sagt Martina:

„Ich sehe nichts."

„Nichts?"

„Absolut nichts!"

Ich bin erfahren genug, mich durch eine solche Aussage nicht ins Bockshorn jagen zu lassen.

„Wie sieht dieses Nichts aus?"

„Eben wie nichts! – Schwarz! – Alles ist schwarz!"

„Um Sie herum ist alles schwarz?"

„Ja! – Alles ist schwarz!"

Ich gebe nicht auf:

„Sehen Sie vorsichtshalber doch noch einmal nach links, dann nach rechts, ob es wirklich überall ganz schwarz ist, oder ob Sie irgendwo einen Schimmer oder eine Silhouette entdecken!"

„Ja, alles ist schwarz, nirgendwo ein Schimmer!"

„Aber Sie haben ja noch nicht nach hinten geschaut! Was ist hinter Ihnen? Dort ist, glaube ich, nicht alles schwarz. Da können Sie etwas sehen!"

Die Patientin macht ein etwas verdutztes Gesicht. Dann sagt sie:

„Ich drehe mich jetzt um. – Oh! Hinter mir ist eine Felswand."

„Wie hoch ist diese Felswand?"

„Sehr hoch! – Ich kann gar nicht sehen, wo die oben aufhört."

„Sehen Sie doch mal nach, ob es da eine Möglichkeit gibt, hinauf zu kommen! – Eine Treppe vielleicht? Vielleicht ja auch ein Aufzug?"

„Nein! – Nichts!"

„Sind Sie neugierig, wie das da oben aussieht? – Da ist es ja offenbar nicht schwarz."

Die Patientin überlegt einen Augenblick. Dann sagt sie etwas zögerlich: „Ja – ein bisschen neugierig bin ich schon. – Aber ich weiß nicht, wie ich da raufkommen soll."

„Wenn Sie das ganz stark wollen und sich darauf konzentrieren, dann können Sie dort hinauf fliegen. Und wenn Sie oben sind, dann erzählen Sie mir, was sie da sehen und erleben."

Die Patientin wundert sich. Sie kann hinauf fliegen. Als sie oben ist, schwärmt sie von einer wunderschönen Wiese. Es ist warm, die Sonne scheint. Aber diese Wiese ist eigentlich nur eine Insel innerhalb dieses schwarzen Meeres. Überall, wohin sie auch sieht, geht es steil in einen Abgrund hinunter.

Ich atme tief durch. Immerhin ist es gelungen, erst einmal einen Wohlfühlplatz zu installieren, nämlich das Stückchen Wiese ganz oben auf dem Felsplateau. Deshalb setze ich einen 'Anker' so, dass Martina gar nicht erst in den schwarzen Abgrund muss, um dann auf die Wiese zu fliegen. Damit mutiert der 'Landeplatz' auf dem Plateau zur Wohlfühl- und Einstiegsstelle auf der Wiese. Und nun geht die Arbeit los.

Für mich ist klar: Was sich rundherum in dem Abgrund befindet beziehungsweise abspielt, hat ganz bestimmt etwas mit den Schlafstörungen und der Angst der Patientin zu tun. Das muss erforscht werden. Es muss Licht in das Dunkel gebracht werden. Das erzähle ich auch der Patientin, nachdem ich sie aus der Trance heraus geholt habe.

In der nächsten Sitzung geht die Patientin an der Kante des Abgrundes entlang, um einmal von oben auf das Schwarze hinunter zu sehen.

„Vielleicht gibt es da ja etwas Auffälliges!" motiviere ich die Patientin, genau hinzusehen. „Vielleicht eine Aufhellung des Schwarz, vielleicht ist ja auch etwas innerhalb des Schwarz auszumachen, das aus dem schwarzen Meer heraus ragt?"

Nach einer ganzen Weile sieht Martina in der Ferne einen Kirchturm über das Schwarze hinaus in das Sonnenlicht ragen. Sie beschreibt die Spitze des Kirchturms, die nach unten quasi im Schwarzen versinkt. – Ich weiß: Das ist eine Chance, quasi einen Fuß in die Tür zu bekommen!

„Vielleicht gibt es ja dort eine Dachluke, durch die wir einsteigen könnten, Frau Gödde?"

„Das kann ich von hier aus nicht sehen. Der Kirchturm ist zu weit weg."

„Hätten Sie Lust, einmal hinzufliegen und nachzuschauen?"

„Jaha! – Ich fliege jetzt um den Turm herum. Keine Dachluke!"

Ich gebe nicht auf:

„Aber vielleicht könnten Sie ja ganz langsam und vorsichtig an der Mauer des Turms entlang nach unten fliegen, also so in das Schwarze hinein, aber immer an der Wand des Turms entlang, bis Sie unten sind. Und dann gibt es da bestimmt eine Tür."

Martina zögert einen Moment. Dann stimmt sie zu:

„Das kann ich ja mal versuchen. – Ich bin jetzt unten. – Ja, da gibt es eine Tür. – Oh! Ist die groß!"

„Mögen Sie hineingehen?"

Die Patientin überlegt eine ganze Zeit. Dann sagt sie:

„Ich weiß nicht, ob ich mich traue. – Irgendwie habe ich so'n komisches Gefühl."

„Was für ein Gefühl ist das?"

„Ich weiß nicht genau! – So, als ob da drin etwas Schlimmes ist – Eigentlich habe ich Angst, dort hineinzugehen. Aber eigentlich bin ich auch neugierig. – Neugierig ist nicht das richtige Wort. Ich habe das Gefühl, irgendetwas treibt mich da hinein."

„Entscheiden Sie in aller Ruhe, was Sie machen wollen!"

Die Patientin kämpft mit ihrer Angst und ihrer Neugier. Dann hat sie sich entschieden:

„Ich gehe rein!"

Sie beschreibt detailliert das Innere einer prunkvollen Kirche. Aber es gibt etwas, was ihr Angst macht. Aber sie weiß nicht genau, was. Ich bitte sie, den Mittelgang der Kirche entlang langsam nach vorn zum Altar zu gehen und nach rechts und links zu sehen. Die Patientin ist sich sicher:

„Je weiter ich nach vorn gehe, desto größer wird meine Angst, aber desto größer wird auch mein innerer Drang, weiter zu gehen. – Ganz eigenartig! – Ich will nicht, und ich will! – Jetzt bin ich fast vorn. Weiter gehe ich nicht. – Da rechts ist etwas, das mir Angst einflößt. – Was ist das? – Das ist ja ein Mann, der da kniet! – Ich glaube, der betet."

„Schauen Sie mal genau hin: Kennen Sie den Mann?"

„Ich weiß nicht, ich glaube nicht! – Oder doch? – Ich habe Angst."

Trotz mehrfacher Versuche ist Martina nicht zu bewegen, näher an den Mann heran zu gehen, um ihn möglicherweise zu erkennen.

Ihre Angst ist zu groß. Sie begibt sich zurück auf ihre Wiese. Als Hausaufgabe – sie hat ja gelernt, sich selbst in Trance zu versetzen und natürlich auch sich wieder heraus zu holen – bekommt sie den Auftrag, jeden Tag in die Kirche zu fliegen und immer so dicht wie möglich an den Mann heran zu gehen.

In der nächsten Sitzung berichtet Martina, sie sei des Öfteren in die Kirche geflogen und immer näher an den betenden Mann heran gekommen. Als sie schließlich ganz dicht dran war, habe der Mann sein Gesicht abgewandt, und sie habe ihn wieder nicht erkennen können.

Ich bitte sie, erneut in die Kirche zu fliegen und so dicht wie möglich an den Mann heran zu gehen. Sie ist in der Lage, genau zu beschreiben, welche Kleidung der Mann trägt. Als sie allerdings noch einen Schritt auf ihn zu machen will, wendet er wieder sein Gesicht ab.

„Fragen Sie den Mann", sage ich, „warum er hier ist und warum er sein Gesicht abwendet?"

„Er dreht den Kopf wieder zu mir, aber erkennen kann ich ihn nicht. – Er sieht mich ein wenig überrascht an, aber er antwortet nicht."

„Fragen Sie ihn noch einmal und sagen Sie ihm, er könne sich nicht einfach wegdrehen und so tun, als sei er nicht da!"

„Jetzt schaut er mich ganz traurig an. Ich glaube, er weint. – Jetzt dreht er den Kopf wieder zur Seite."

„Dann gehen Sie doch einfach zur anderen Seite und sehen ihm wieder ins Gesicht. Fragen Sie ihn, wer er ist!"

Die Patientin zögert einen Augenblick. Dann sagt sie:

„Er sagt jetzt, er kann mich nicht ansehen, weil er sich schämt. – Er guckt wieder in die andere Richtung."

„Fragen Sie ihn, warum er sich schämt!"

„Er sagt, das kann er mir nicht sagen. – Er will mit mir nicht mehr sprechen."

Ich spiele die Rolle des Ungehaltenen:

„Sagen Sie ihm, er kann nicht einfach schweigen! So geht das nicht! Sie wollen schließlich wissen, warum er sich schämt und warum er so traurig ist."

„Er schüttelt den Kopf."

„Dann bitten Sie ihn, dass er wenigstens mit ‚ja' oder ‚nein' antwortet, wenn Sie Fragen stellen. Das ist ja das Mindeste, was wir erwarten können."

„Er nickt. Offenbar ist er damit einverstanden."

„Gut! – Dann fragen Sie ihn, ob er sie kennt! – Was sagt er?"

„Ja!"

„Kennen Sie ihn auch? – Fragen Sie ihn!"

„Ja! – Er sagt, ich kenne ihn auch. – Aber ich kann mich nicht erinnern, ihn zu kennen."

„Hat er etwas getan, derentwegen er sich schämt?"

„Er nickt."

„Hat das etwas mit Ihnen zu tun?"

„Ja!"

„Fällt Ihnen eine Frage ein, die Sie ihm stellen wollen?"

Die Patientin ist ein wenig überrascht und schaut mich mit weit aufgerissenen Augen an. Dann fragt sie:

„Ich?"

„Ja, Sie! – Sie wollen doch wissen, woher Sie ihn kennen und woher er Sie kennt und warum er sich schämt!"

Sie schließt ihre Augen wieder und sagt:

„Ja, schon! – Aber jetzt bekomme ich wieder Angst. Wovor, weiß ich eigentlich gar nicht. – Der Mann ist doch ganz friedlich. – Wovor weiß ich überhaupt nicht."

Ich habe den Eindruck, dass es im Moment nicht recht weiter geht. Deshalb mache ich den Vorschlag:

„Wollen Sie lieber wieder aus der Kirche raus?"

Die Patientin nickt.

„Okay! Dann fliegen wir zurück auf die Wiese."

Nach einer Weile des Wohlfühlens wird die Trance beendet, und ich rede mit Martina über das Erlebte. Sie hat keine Ahnung, woher sie den Mann in der Kirche kennt und woher er sie kennt, warum er sich schämen muss und warum sie Angst hat.

In der nächsten Stunde gesteht Martina, sie habe nicht geübt, weil sie Angst gehabt habe. Ich zeige dafür volles Verständnis. Martina möchte aber jetzt mit mir zusammen auf jeden Fall in die Kirche gehen.

Selbstverständlich ist der Mann wieder da. Martina geht dicht an ihn heran. Ich bitte die Patientin, ihm zu sagen, dass er doch die Fragen, die im Raum stehen, einfach beantworten soll, weil die Fragerei mit den Ja-Nein-Fragen enorm mühsam ist.

Der Mann steht auf und geht auf eine Seitentür der Kirche zu, die Martina bisher nicht bemerkt hat. Als er dort ist, deutet er ihr an, ihm zu folgen. Hinter dieser Tür eröffnet sich eine große Scheune mit Stroh. Der Mann klettert eine Leiter hoch auf eine Art 'Empore', auf der auch Stroh liegt. Die Patientin steigt auf sein Geheiß hinterher.

„Es kommt mir so vor, als sei ich hier schon einmal gewesen. Aber das ist schon sehr lange her", sagt Martina ein wenig zaghaft.

„Fragen Sie ihn, ob das stimmt!"

„Er nickt."

„Wann war das?"

Statt zu antworten, geht der Mann in eine Ecke der 'Empore' und deutet der Patientin an nachzukommen. Dann kratzt er von einer bestimmten Stelle des Fußbodens ein wenig Stroh weg.

Die Patientin schreit auf:

„Oh nein!" – Sie reagiert geradezu entsetzt. – „Oh nein! – Das ist meine Puppe, die ich als kleines Mädchen hatte." Die Patientin weint.

Ich fordere sie nach einem kurzen Augenblick auf:

„Sehen Sie einmal in sich hinein, ob Sie das kleine Mädchen, welches Sie waren, als Sie die Puppe hatten, irgendwo in sich entdecken. – Ich bin sicher, Sie werden sie entdecken, wenn Sie mit Ihrem inneren Auge einmal durch ihren ganzen Körper wandern."

Es entsteht eine lange Pause. Dann sagt sie:

„Ja, ich sehe sie. – Sie weint."

„Wo sehen Sie sie? – Und warum weint sie? – Fragen Sie sie!"

„Sie sitzt in meinem Herzen. Sie ist ganz klein. Ich hätte sie beinahe übersehen. – Sie hat Schmerzen."

„Fragen Sie sie, ob sie rauskommen will."

„Nein, sie hat Angst."

Die Kommunikation zieht sich ziemlich schleppend dahin. Die Antworten des inneren Kindes der Patientin werden immer einsilbiger. Mühsam kann ich noch herausbekommen, dass auch das kleine Mädchen den Mann kennt und eine höllische Angst vor ihm hat. Das kleine Mädchen will im Herzen der Patientin bleiben und in der nächsten Sitzung wieder mit ihr sprechen. Auch der Mann will sich wieder zu einem gemeinsamen Gespräch einfinden.

Zu Beginn der nächsten Sitzung fliegt Martina wieder in die Kirche. Der Mann steht auf, als sie die Kirche betritt, und deutet auf die Seitentür, die er dann einladend öffnet. Wieder befindet sich dahinter die Scheune voller Stroh. Das innere Kind der Patientin weint und weigert sich, herauszukommen und mit dem Mann zu sprechen. Martina fragt den Mann, was er mit dem Kind angestellt habe. Er schweigt zunächst. Dann sagt er, das müsse ihr das Kind sagen. Er schäme sich zu sehr. Es täte ihm auch leid. Trotz mehrfachen Versuchs, heraus zu bekommen, wer der Mann ist und in welcher Beziehung er zu der Patientin und ihrem inneren Kind steht, gelingt es nicht.

Martina fliegt zurück auf die Wiese. Überrascht stellt sie fest: Dort hat sich etwas verändert. Ziemlich in der Mitte steht ein Baum, der vorher nicht da stand. Sein Stamm hat einen Durchmesser von etwa 30 Zentimetern. Also ein Baum, kein Bäumchen. Die Patientin geht zu dem Baum und will sehen, wie sich das anfühlt, wenn sie sich in der Nähe des Baumes aufhält. Sie sagt, es fühle sich gut an, sehr gut sogar. Dann fragt sie auf meinen Vorschlag hin, ob der Baum vielleicht das Symbol ihrer Quelle der Inneren Kraft ist. Der Baum bejaht, sagt der Patientin aber, sie müsse sich mit dem Rücken an ihn lehnen. Dann könne er ihr Kraft und alles, was sie brauche, geben. Also lehnt sie sich an den Baum und tankt. Ich frage sie, was sie tanken möchte. Sie sagt:

„Zuerst einmal Mut und Geduld, dass ich weiter versuche, heraus zu bekommen, was da vor etwa vierzig Jahren geschehen ist; und dann tanke ich die nötige Kraft, dass ich es auch verkraften kann."

Zu Beginn der nächsten Sitzung geht die Patientin zu ihrer Quelle der Inneren Kraft. Sie meint, vielleicht könne sie ja dort etwas tanken, dass es ihr leichter fallen würde, die Zusammenhänge um sie als Kind und den Mann heraus zu finden. Vielleicht könne sie ja auch die Fähigkeit tanken, den Mann zu überzeugen, die Sache endlich heraus zu lassen. Ich ergänze, sie solle den Baum bitten, ihrem inneren Kind mehr Mut zu geben, damit es herauskommt und sich dem Mann stellt und damit es sagt, was es weiß.

Nach einer angemessenen Zeit des Tankens fliegt Martina in die Kirche. Der Mann ist offenbar nicht da, aber die Tür zur Scheune steht offen. Sie geht hinein.

Ich bitte die Patientin, ihr inneres Kind zu bitten, heraus zu kommen. Nach anfänglichem Zögern ist es bereit dazu.

„Fragen Sie die kleine Martina, ob sie erzählen mag, was damals geschehen ist.

„Die kleine Martina sagt nichts, aber sie klettert die Leiter hoch und ist jetzt auf der Empore. Da steht sie und winkt mich herauf."

„Mögen Sie hinaufgehen?"

„Ich weiß nicht, ich habe ein bisschen Angst. – Andererseits bin ich – jedenfalls in Form der kleinen Martina – schon oben. – Okay! Ich klettere rauf. – So, jetzt bin ich oben. Die kleine Martina spielt da hinten in der Ecke, wo wir meine Puppe gefunden haben."

„Mögen Sie mal hingehen und sehen, was sie da macht?"

„Okay, ich gehe mal hin."

Unvermittelt stößt die Patientin einen Schrei aus und wird dann regelrecht geschüttelt von einem Weinkrampf. Ich lasse sie weinen, gebe ihr ein Papiertaschentuch und beobachte sie. Im Stuhl sitzend dreht sie sich laut weinend ab, als wolle sie das, was sie sieht, nicht mit ansehen. Ich warte, bis sie im Begriff ist, sich ein wenig zu beruhigen. Dann frag ich sie:

„Was ist geschehen?"

„Etwas ganz Schreckliches!"

Das Weinen wird wieder stärker.

„Die kleine Martina spielt mit meiner Puppe."

„Wieso ist das etwas ganz Schreckliches? Die Puppe gehört ihr doch!"

Die Patientin ist im höchsten Maße empört. Sie sagt mit allen Zeichen der Entrüstung:

„Die Puppe hat so'n langen Penis", dabei zeigt sie eine Länge mit den Händen, „und der ist ganz steif. – Ich will das nicht! – Ich will das nicht!"

„Fragen Sie die kleine Martina, wer denn die Puppe ist!"

Die Patientin sagt etwas verunsichert:

„Sie sagt, das ist der Opa, Opa Bruno. – Nein! – Das kann doch nicht wahr sein! – Nein! – Nein! – Das ist mein Großvater!"

„Ist es das, was sie nicht erzählen wollte und warum sie geweint hat?"

„Sie sagt ja. – Aber ich will das nicht glauben. – Oh Gott! – Das hat der ja dann mit *mir* gemacht! – Nein! Ich will das nicht glauben."

„War es das, womit der Opa der kleinen Martina wehgetan hat?"

„Ja."

„Wo hat er ihr wehgetan? – Fragen Sie sie!"

„Sie zeigt auf die Genitalien und auf den Mund."

„War denn der Opa beim letzten Mal auch hier?"

„Ja, der ist doch mit uns hierher gegangen! – Davor war er mit uns in der Kirche!"

Das Gespräch wird mehrfach durch lautes Weinen der Patientin unterbrochen. Schließlich äußert die kleine Martina den Wunsch, wieder zurück ins Herz der Patientin gehen zu wollen. Dort könne der Opa nicht hinkommen. Die Patientin begibt sich zu ihrer Quelle der Inneren Kraft und bleibt dort eine ganze Weile. Sie weint still vor sich hin und möchte ganz allein sein. Ich sage ihr, sie solle sich alle Zeit der Welt nehmen, sich zu erholen. Erst wenn sie genug getankt habe, solle sie aus der Trance zurückkommen.

Nach etwa drei Minuten öffnet Martina die Augen und sieht mich fragend und zugleich die Antwort fürchtend an:

„Glauben Sie das, was ich eben erlebt habe? – Das ist doch nicht wahr, oder?"

„Was glauben *Sie*?"

„Ich weiß nicht, was ich glauben soll."

„Wenn *Sie* es nicht wissen, *ich* weiß es erst recht nicht!"

„*Ich* müsste das doch wissen, wenn mir so etwas passiert wäre!"

„Die kleine Martina weiß es."

„Ja, die weiß es. – Und dann weiß ich es jetzt auch, oder?"

„Ja? – Wissen Sie es jetzt?"

„Ja, ich denke schon. – Ja, ich weiß es."

Martina weint wieder leise vor sich hin. Schluchzend sagt sie:

„Ich muss mich an diesen Gedanken erst einmal gewöhnen."

Als die Patientin in der nächsten Sitzung auf ihre Wiese kommt, stellt sie fest, dass die Wiese nicht mehr von ganz so tiefen Abgründen umgeben ist. Der Kirchturm schaut auch deutlich weiter aus dem Schwarzen heraus. Das Schwarze reicht nicht mehr ganz so hoch. Die Patientin interpretiert das alles als therapeutischen Erfolg. Ich stimme ihr zu, weise aber darauf hin, dass es noch eine Menge Schwarzes gibt.

Martina will daraufhin sofort mit der Arbeit anfangen und fliegt in die Kirche.

Der Mann, ihr Großvater, sitzt wieder an seinem Platz und betet.

Martina geht auf ihn zu und spricht ihn an.

„Du bist mein Großvater! – Was hast Du mit mir gemacht?"

Er sagt:

„Du weißt es bereits, die kleine Martina hat es Dir gesagt. – Ich schäme mich. – Es tut mir so leid."

Ich schlage vor:

„Sagen Sie ihm, er soll erzählen, wie es angefangen hat!"

Es dauert drei Sitzungen. Das Herausfragen der Ereignisse eines sexuellen Missbrauchs durch den Großvater an der kleinen Martina gestaltet sich als außerordentlich mühsam, weil es immer wieder passiert, dass der Großvater nicht weiterreden will oder Martina in einen Weinkrampf ausbricht.

Das Ergebnis ist:

Der Großvater hat die kleine Martina zwischen ihrem vierten und zehnten Lebensjahr mehrfach vaginal und oral missbraucht und sie gezwungen, ihn manuell zu befriedigen. Jedes Mal hinterher war er wochenlang depressiv und ist mit seinem schlechten Gewissen stets in die Kirche gegangen, um zu beten. Aber nach ein paar Wochen konnte er dem Zwang nicht widerstehen, es wieder zu tun.

Der Albtraum hatte dann ein Ende, als die kleine Martina – immerhin schon zehn Jahre alt – dem Großvater gedroht hatte, es ihren Eltern zu sagen.

Das war vor fünfunddreißig Jahren, und der Großvater ist schon über 20 Jahre tot!

In den letzten drei Sitzungen beschäftigen wir uns intensiv mit der kleinen Martina. Sie hat niemandem etwas gesagt, weil ihr der Großvater eingebläut hat, das sei sein und ihr Geheimnis, das niemand wissen dürfe. Erst später habe sie gemerkt, dass das keiner wissen durfte, weil man so etwas nicht machen durfte. Und dann habe sie sich geschämt, und sie sei sehr traurig gewesen. Deshalb habe sie sich einfach verkrochen und sei ein kleines Mädchen geblieben. Aber gesagt habe sie nichts, nicht einmal der großen Martina gegenüber!

Es ist nicht ganz einfach, die kleine Martina davon zu überzeugen, dass sie nicht mehr traurig oder ängstlich zu sein braucht, weil der Opa nicht mehr lebt. Auf meinen Vorschlag hin gelingt es der Patientin schließlich, die kleine Martina davon zu überzeugen, langsam zu wachsen und allmählich älter zu werden. Sie wird der großen Martina immer ähnlicher; die 'beiden Frauen' freunden sich immer mehr an, bis sie schließlich in beiderseitigem Einvernehmen miteinander verschmelzen.

Bei der Wiese ist eine interessante Entwicklung zu beobachten:

Der Abgrund, der die Wiese von der Umgebung getrennt hat, wird zusehends kleiner, und das Schwarze wird zusehends weniger. Die Kirche entpuppt sich als Kirche in dem Dorf, in welchem Martina als Kind gewohnt hat. Am Ende der letzten Stunde gibt es keinen Abgrund mehr, allerdings auch kein Dorf und keine Kirche. Die Wiese breitet sich fast endlos aus und wird in weiter Ferne von einem Wald begrenzt. Alles

Schwarze ist verschwunden wie auch die Schlafstörungen und die Angst. Überall scheint die Sonne.

Der Mann, der seinen Vater sucht

Ich sitze an einem Nachmittag in meiner Praxis und schreibe Rechnungen. Ich habe mir diese Zeit frei gehalten, um ungestört arbeiten zu können. Da ich eine Bestellpraxis habe, erwarte ich keinen Patienten.

Es klingelt. Ich öffne die Tür.

Ein gut gekleideter Herr tritt ein, entschuldigt sich, dass er unangemeldet komme. Er habe das Praxisschild im Vorbeigehen gesehen, und da sei ihm seine eigene völlig verkorkste Lebensgeschichte hochgekommen. Und er frage sich, ob ihm mit Hypnose vielleicht geholfen werden könne.

Ich bitte den Herrn herein.

„Kann ich", so fragt er, „mit Hypnose herausbekommen, ob der Mann, der angeblich mein Vater ist, wirklich mein leiblicher Vater ist?"

Zunächst einmal bin ich ziemlich sprachlos und denke nach.

Dann frage ich ihn:

„Haben Sie ihren Vater schon einmal selbst gefragt, ob er ihr Erzeuger ist?"

„Nein! – Das ist leider jetzt auch sehr schwierig, weil der Mann nicht mehr lebt", antwortet er.

In der Tat, das ist schwierig!

Ich erzähle ihm, dass ich einmal in der einschlägigen Literatur gelesen hätte, es sei einem Patienten in Trance gelungen, seine eigene Zeugung zu beobachten. Aber ich hätte keinerlei Erfahrung in derartigen Dingen und wisse nicht, ob das gelingen werde. Ich könne folglich auch nicht sagen, wie lange so etwas dauern würde, wenn es denn überhaupt gelänge. Das sei ihm egal, sagt der Herr, er wolle es auf jeden Fall versuchen. Das sei für ihn von großer Wichtigkeit.

Ich bin mit einem solchen Versuch einverstanden und verabrede einen Termin mit ihm.

In der folgenden Sitzung erzählt der Patient seine Lebensgeschichte: „Ich bin 1947 geboren. Meine Mutter hat mir erzählt, dass ihr Ehemann, den sie im Krieg geheiratet habe, 1946 aus der Gefangenschaft gekommen sei. Und dann – quasi am selben Tag – sei ich gezeugt worden."

„Und haben Sie daran Zweifel? Oder warum wollen Sie wissen, ob Ihr Vater Ihr Erzeuger ist?" frage ich.

„Oh", antwortet er, „da gibt es mehrere Gründe. Zunächst einmal hat mich mein Vater sehr schlecht behandelt. Meine Mutter war sehr oft im Krankenhaus, und ich war mit meinem Vater allein. So bin ich jahrelang von ihm sexuell missbraucht worden. Das war für mich ausgesprochen schlimm. Einige Male hat er mich sogar ʹverkauftʹ, und zwar an homosexuelle beziehungsweise pädophile Kollegen. Sie können mir glauben, das war eine schreckliche Erfahrung. Meine Mutter ist dann sehr schnell in die totale Demenz geflohen und ist dann in ein Pflegeheim gekommen. Mein Vater hat sich scheiden lassen und wieder geheiratet. Aus dieser Ehe ist ein Mädchen hervorgegangen. Und nun der wichtigste Grund: In dieses Mädchen habe ich mich später verliebt, und wir lieben uns immer noch und leben jetzt zusammen. Aber immer hängt das Damoklesschwert des Inzests über uns. – Und es muss jetzt endlich mal raus. – Ich will es jetzt wissen."

Eine ausgesprochen seltsame Geschichte, mitten aus dem Leben gegriffen! Ich bin überhaupt nicht sicher, ob ich ihm helfen kann. Das sage ich ihm auch in aller Deutlichkeit. Ich sage ihm auch, dass es keineswegs justitiabel sei, wenn dabei heraus käme, dass ein anderer Mann der Erzeuger sei. Falls es eine Anzeige wegen Inzest geben sollte, was natürlich in seinem Sinne nicht zu hoffen sei, dann würde vermutlich kein Gericht die Ergebnisse einer Hypnotherapie bei einem Heilpraktiker anerkennen, um dann von einer Verurteilung abzusehen. Aber dieses Problem steht, wie ich sehr schnell erkenne, bei dem Patienten nicht im Vordergrund.

Es ist einfach nur so, dass die Möglichkeit, es könne sich um Inzest handeln, vielleicht aber auch nur die Ungewissheit, ob oder ob nicht, die Beziehung erheblich belastet.

Eine erste Tranceübung verläuft sehr erfolgreich. So erfolgreich, dass ich bereits einen Anker zur Induktion einer Selbsttrance auf der Wiese setzen kann.

Innerhalb kürzester Zeit gelingt es, einen Inneren Freund zu installieren. Es handelt sich um einen Raben, der außergewöhnlich zutraulich ist und mit dem von Anfang an eine Kommunikation möglich ist.

Ich lasse den Raben bitten, bei der Lösung des Problems des Patienten behilflich zu sein. Das sagt er auch zu.

Von diesem Moment an wird der Patient, Heinz Kupfernagel, von heftigem Weinen regelrecht durchgeschüttelt. Er erlebt wesentliche Teile seiner Kindheit noch einmal in Trance, und er ist nach der Trance selber überrascht, welche Wut er gespürt hat und welch großes Maß an Aggressivität sich seiner bemächtigt hat. Die ganze Stunde ist ausgefüllt vom Weinen und der Abreaktion seiner Aggressivität. Zu dem Zweck habe ich ihn einen Betonklotz imaginieren lassen, auf den das Portrait seines 'Vaters' geklebt war. Diesen fiktiven Betonklotz schlägt er während der Trance mit einer Eisenstange kurz und klein. Danach geht es ihm nach einer kurzen Wohlfühlphase auf der Wiese relativ gut, so dass er in den Straßenverkehr entlassen werden kann.

Zu Beginn der nächsten Sitzung möchte ich möglichst eine Quelle der Inneren Kraft installieren, denn nach der Erfahrung der letzten Stunde erwarte ich größte Emotionen. Es stellt sich dabei heraus, dass die Einstiegsstelle zugleich die Quelle der Inneren Kraft des Patienten darstellt.

Auch in dieser Stunde müssen offenbar wieder einige Erlebnisse aus der Kindheit mit allen dazugehörigen Gefühlen und Aggressionen aufgearbeitet werden, insbesondere der sexuelle Missbrauch durch die anderen Männer.

Dasselbe gilt auch für die nächste Stunde. Im Mittelpunkt stehen die in der Kindheit erduldeten körperlichen Züchtigungen und Erniedrigungen und die damit zusammenhängenden Gefühle und Aggressionen.

In der fünften Stunde gelingt es erstmals, mit dem Inneren Freund, dem Raben, eine Kommunikation zu führen, die nicht durch Weinen und Kindheitserlebnisse unterbrochen wird.

Ich lasse den Raben bitten, den Patienten zeitlich zurückzuführen bis zu seiner eigenen Zeugung. Der Rabe ist einverstanden.

Der Patient berichtet:

„Ich sehe eine Frau und einen Mann. Sie liegen im Bett und haben Geschlechtsverkehr."

„Können Sie die beiden erkennen?"

„Nein! – Die Frau liegt auf dem Rücken und der Mann auf ihr. – Ich kann ihr Gesicht nicht sehen, und sein Gesicht auch nicht:"

„Dann gehen Sie doch mal an die Seite des Bettes, vielleicht können Sie dann erkennen, um wen es sich handelt!"

„Ja! – Ich glaube, es ist meine Mutter."

„Aber ganz sicher sind Sie nicht?"

„Nein! – Sie sieht mich nicht an. Sie hat den Kopf zur anderen Seite gedreht. Ich kann ihr Gesicht nicht genau erkennen. – Doch jetzt! – Jetzt bin ich sicher, es ist meine Mutter. – Aber den Mann kann ich nicht erkennen."

„Wieso nicht?"

„Der verbirgt sein Gesicht vor mir. – Ich glaube, ich soll ihn nicht erkennen."

„Fragen Sie ihn! – Oder fragen Sie Ihre Mutter!"

„Ich bekomme keine Antwort."

„Fragen Sie Ihren Raben!"

Nach einer kleinen Pause sagt der Patient:

„Der dreht sich weg, als ob er mir keine Antwort geben *will*."

„Schimpfen Sie mit ihm! So kann er mit Ihnen nicht umgehen!"

„Er sagt, das müsse ich schon selber herausbekommen, wer der Mann ist."

Trotz mehrfacher Bemühungen ist es nicht möglich herauszubekommen, wer der Mann sein könnte, der mit der Mutter des Patienten schläft. Der Raabe weigert sich beharrlich, auch nur eine Andeutung preiszugeben. Für mich ist das ein Indiz dafür, dass es sich um eine dem Patienten bekannte Person handelt, deren Identität sein Unbewusstes noch nicht preisgeben will, um den Patienten zu schützen. Offenbar – das jedenfalls ist meine Meinung – besteht die Gefahr, dass die Preisgabe der Identität für den Patienten ein traumatisches Erlebnis darstellen würde, wofür die Zeit noch nicht reif ist. Allerdings hüte ich mich, diese meine Ansicht mit dem Patienten zu erörtern. In diesem Falle schließe ich mich dem Inneren Freund an: Das muss der Patient schon selber herausfinden, und zwar genau dann, wenn die Zeit dafür reif ist.

Sowohl in der nächsten als auch in der übernächsten Stunde ist es nicht möglich, die Identität des Erzeugers des Patienten zu lüften. Zwar gibt es eine Reihe von zusätzlichen Informationen über das Zimmer, über die Vertrautheit der beiden miteinander und darüber, dass sie wissen, dass es sich um etwas Verbotenes handelt, was die beiden tun. Aber der Mann bleibt unerkannt.

Der Patient absolviert seine häuslichen Übungen fleißig, aber auch dabei besitzt er nicht den Hauch einer Chance. Langsam ahnt auch der Patient, dass es sich vielleicht um jemanden handelt, der nicht der Ehemann seiner Mutter ist, weil er zunehmend an Sicherheit gewinnt, dass dieser Geschlechtsverkehr einen verbotenen Akt darstellt. Ich halte mich aus diesen Vermutungen völlig heraus. Zwar unterstelle ich dem Patienten, dass er vielleicht jemanden in Verdacht hat, aber ich ermuntere ihn nicht, nach einem Verdächtigen zu suchen oder einen Verdacht zu äußern.

Das Szenario ist in jeder Stunde im Prinzip dasselbe, auch zunächst in der achten Stunde. Plötzlich jedoch passiert etwas Unvorhergesehenes:

Der Patient beobachtet den Orgasmus seiner Mutter und unmittelbar danach den Orgasmus des Mannes. Er sieht, wie seine Mutter mit schreckensweiten Augen sich aus der Umklammerung des Mannes befreit und aus dem Bette springt. Dabei schreit sie geradezu hysterisch und macht dem Mann Vorwürfe, er habe nicht aufgepasst und nicht interrumpiert. 'Das dürfen wir nicht! – Oh Gott! – Wenn das jetzt ein Kind wird! – Dann kommen wir in Teufels Küche! – Das hättest Du nicht machen dürfen! Du hättest ihn 'rausziehen müssen'! Dieser verteidigt sich halbherzig: 'Es wird schon nichts passiert sein'!

In diesem Moment ist das Bild vor dem geistigen Auge des Patienten verschwunden. Der Patient stellt überrascht fest:

„Ich sehe nichts mehr. – Alles ist weg."

Und dann schlägt er die Augen auf und beginnt zu weinen. Schluchzend sagt er:

„Ich glaube, ich weiß jetzt, wer mein leiblicher Vater ist. – Ich habe sein Gesicht zwar noch nicht gesehen, aber ich habe seine Stimme erkannt. – Aber das kann doch nicht wahr sein! – Das gibt es doch nicht!"

Der Patient weint heftig und wiederholt immer wieder wie geistesabwesend:

„Das kann doch nicht wahr sein! – Das gibt es doch nicht! – Das kann doch nicht wahr sein! – Das gibt es doch nicht!"

Ich sitze schweigend dabei und überlasse den Patienten seinen eigenen Gedanken. Im Augenblick, das verrät sein Mienenspiel, braucht er keinen Therapeuten. Er ist im Begriff, eine für sich unglaubliche Erkenntnis zu akzeptieren und zu verarbeiten. Seinem Mienenspiel nach zu urteilen, handelt es sich dabei um Schwerstarbeit!

Nachdem er viele Male immer wieder stereotyp gesagt hat, „Das kann doch nicht wahr sein! – Das gibt es doch nicht!", wendet er sich an mich:

„Können Sie das glauben?"

„Ich weiß überhaupt nicht, wovon Sie sprechen. Was hat Sie so schockiert?"

„Ach so, ja, das wissen Sie ja noch gar nicht! – Ich glaube, ich habe die Stimme meines Großvaters erkannt. – Meines eigenen Großvaters! – Das ist der Vater meiner Mutter und zugleich mein Erzeuger! – Das gibt es doch nicht! – Können Sie das glauben?"

„Was ist mit *Ihnen*? – Glauben *Sie* es?"

„Das ist es ja gerade! – Ich weiß es nicht! – Einerseits habe ich es mit eigenen Augen gesehen und dann seine Stimme erkannt. – Andererseits – Kann man das glauben, was man in Hypnose erlebt? – Ich weiß nicht, was ich glauben soll!"

Der Patient bietet ein völlig zerrissenes Bild: Er glaubt etwas, was er nicht glaubt! Oder glaubt er etwas nicht, was er glaubt?

Heinz Kupfernagel und ich sprechen noch den Rest der Stunde über die Frage der Glaubwürdigkeit des in Trance Erlebten. Dann fasst der Patient einen Entschluss:

„Meine Mutter ist jetzt über 80 Jahre alt. Seit Jahren lebt sie in geistiger Umnachtung in einem Pflegeheim. Manchmal besuche ich sie, aber ich bin nicht sicher, ob sie immer mitbekommt, dass ich da bin. Manchmal allerdings hat sie ihre normalen zwei Minuten, so eine Art Flash-back. Dann erinnert sie sich an Dinge, die schon fünfzig und mehr Jahre her sind. – Ich werde sie jetzt öfter besuchen und versuchen, in dieser Angelegenheit auf den Busch zu klopfen. Vielleicht habe ich ja Erfolg."

In der neunten Stunde gelingt es dem Patienten, seinen Großvater als Erzeuger tatsächlich zu erkennen und nicht nur seine Stimme zu hören. Darüber hinaus sieht er Bilder, nach denen die sexuelle Beziehung zwischen Vater und Tochter schon längere Zeit läuft, auch schon vor der Hochzeit der Mutter des Patienten. Das alles steht in totaler Diskrepanz dazu, dass es sich bei dem Großvater des Patienten um einen hyperkorrekten höheren Beamten gehandelt hat, der niemals hat fünfe gerade sein lassen.

Diese Stunde räumt einige Zweifel des Patienten aus und bestärkt ihn darin, seinen Tranceerlebnissen doch Glauben zu schenken. Dennoch will er versuchen, die Wahrheit aus seiner Mutter heraus zu bekommen.

Hier setzen wir die Therapie erst einmal aus.

Es dauert über ein Vierteljahr, da plötzlich meldet sich der Patient telefonisch bei mir und bittet um einen Termin.

Er berichtet, es sei ihm tatsächlich gelungen, die Wahrheit aus seiner Mutter herauszuholen, und sie stimme voll mit dem in Trance Erlebten überein.

Darüber hinaus berichtet er, seit der Gewissheit, dass sein Vater nicht sein Erzeuger sei, oder besser, dass seine Geliebte und er nicht verwandt seien, sei seine Beziehung viel harmonischer und inniger geworden. Seine Geliebte und er hätten der Therapie viel zu verdanken.

Das aggressive Eichhörnchen und der Fuchs ohne Fell

Bei dieser Patientin handelt es sich um eine alte Freundin von mir, Birgit Falke.

Vor einiger Zeit hat sie nach einer Odyssee von Arztbesuchen die Diagnose Fibromyalgie bekommen. Sie hat über Schmerzattacken in unterschiedlichen Muskelpartien geklagt, die etwa acht bis zehnmal pro Tag und circa fünfmal pro Nacht auftreten und die so stark sind, dass sie sich während einer solchen Attacke krümmen und manchmal sogar laut schreien muss. Sie sagt, der Schmerz fühle sich so an, wie wenn jemand mehrfach mit einem Messer in die betreffende Muskelpartie steche. Der Hausarzt hat sich bei derartig schmerzhaften ʹMesserstechereienʹ nicht anders zu helfen gewusst, nachdem alle gängigen Schmerzmittel versagt haben, ihr Morphium zu verschreiben. Mit dem ʹErfolgʹ: Sie ist abhängig geworden von dem Morphium. Nun hat sie gleichzeitig eine Entziehungskur machen und auf andere, lange nicht so wirksame Schmerzmittel umsteigen müssen. Seitdem leidet sie fürchterlich.

Nach der leidvollen Entziehungskur und geplagt von Schmerzen telefoniert die Patientin mit mir und fragt mich, ob ich ihr helfen könne. Die Angelegenheit ist insofern schwierig, als die Patientin etwa 250 Kilometer entfernt wohnt und nicht mal eben montags und donnerstags einbestellt werden kann. Außerdem habe ich bisher noch keine einzige Patientin mit Fibromyalgie behandelt.

Alles dieses sage ich ihr. Aber ich sage ihr auch, dass ich gute Erfahrungen mit Schmerzpatienten habe, die ich mit Hypnose behandelt habe.

Ich schlage ihr eine Therapie vor, die folgendermaßen aussehen könnte: „Wir arbeiten an einem Tag ab Mittag miteinander, solange es Erfolg hat, vielleicht zwei oder drei Stunden. Dann dasselbe am nächsten Vormittag. Selbstverständlich übernachtest Du bei uns. Dann bekommst Du eine umfassende Hausaufgabe, die Du dann im Laufe von drei bis fünf Wochen intensiv bearbeitest. Und dann wiederholen wir eine solche Kompaktbehandlung."

Birgit ist so verzweifelt, dass sie vermutlich mit allem einverstanden wäre. Wir verabreden uns für den kommenden Freitag/Samstag.

Es stellt sich heraus, dass sie sich für eine Hypnotherapie besonders gut eignet: Sie geht sehr leicht in eine ausgezeichnete Trance und arbeitet mit sehr viel Fantasie mit. So ist es zu verstehen, dass ihre Wiese bereits in der ersten Stunde am Freitagnachmittag steht:

Zunächst einmal fühlt sie sich am Einstiegsplatz sehr wohl, also kann er als Anker für die Selbsttrance dienen. Auf den ersten Blick gibt es auf der engeren Wiese keine 'Problemzonen'. Weiter entfernt ist ein Wald zu sehen, der der Patientin, wie es scheint, nicht ganz geheuer ist. Aber der ist weit weg. Sie kann also ohne Probleme auf der Wiese ein wenig spazieren gehen. Bei diesem Spaziergang drängt sich ein Eichhörnchen geradezu auf, zum Inneren Freund zu avancieren. Es kommt zutraulich auf die Patientin zu und lässt sich von ihr streicheln. Ja, es schmust geradezu mit ihr.

„Komisch! – Eigentlich mag ich gar keine Eichhörnchen", sagt Birgit überrascht. „Aber dieses ist ja ganz süß!"

Natürlich wird dieses Eichhörnchen ihr Innerer Freund. In diesem Zusammenhang ist es kaum verwunderlich, dass es von Anfang an eine totale Kommunikation zwischen Birgit und dem Eichhörnchen gibt.

„Birgit, frag Deinen Inneren Freund, das Eichhörnchen, ob es Dir bei der Therapie behilflich sein will!"

„Er sagt ja. Er sagt, er macht das gern für mich."

„Das ist schön. Aber sag ihm auch, dass es darum geht, sehr große Schmerzen in den Griff zu bekommen. Es ist keine leichte Aufgabe!"

„Ja, das will er machen."

„Ist es denn ein *ER*?"

„Ja! *Das* Eichhörnchen ist ein *Er*:"

„Hat er denn auch einen Namen? Frag ihn doch mal!"

„Den will er mir nicht verraten. Er sagt: Eichhörnchen genügt."

„Na gut! – Dann bitte ihn doch gleich, eine erste Aufgabe zu erledigen: Wir suchen auf der Wiese die Quelle Deiner Inneren Kraft und vielleicht auch noch Deine Innere Weisheit. Bitte ihn, er soll Dich da hinführen!"

Nach einer kleinen Kommunikationspause sagt Birgit:

„Er führt mich jetzt an einen kleinen Bach, der sich am Rande der Wiese entlang schlängelt."

„Fließt der da, wo der Wald steht, der Dir nicht ganz geheuer ist?"

„Nein! – Keine Angst! – Der steht an der ganz anderen Seite der Wiese."

„Okay!"

„Er sagt, ich soll meine Füße in diesen Bach halten. Und dann würde ich merken, dass es ein besonderer Bach ist, eben die Quelle der Inneren Kraft."

„Und? – Merkst Du's?"

„Au ja, ich merke, wie Energie von meinen Füßen langsam aufsteigt und durch meinen ganzen Körper geht. Das ist ein tolles Gefühl!"

„Schön! – Genieße es!"

Dann habe ich die folgende Idee:

„Frag doch die Quelle der Inneren Kraft, ob sie Dir auch etwas anderes geben kann, etwas, was Du vielleicht gerade in einem bestimmten Moment brauchst, zum Beispiel Selbstvertrauen!"

„Ja, sie sagt, ich könne alles von ihr bekommen."

„Frag sie, ob sie Dir auch dabei helfen will, den Schmerz in den Griff zu bekommen, wenn Du wieder eine Deiner Messerstechereien hast!"

„Ja, das will sie auch."

„Dann bedank Dich bei ihr und bei Deinem Inneren Freund, dass sie Dir bisher schon so gut geholfen haben. – Führt Dich Dein Eichhörnchen noch zu Deiner Inneren Weisheit?"

„Ja, das will er jetzt. – Wir gehen einen nicht sehr steilen Abhang hinunter. Da ganz unten steht ein Haus. Da kommt eine Frau raus. Die kommt auf mich zu. – Oh! Das ist ja meine Oma! – Oma Amalie! – Ich habe immer Ami zu ihr gesagt."

Birgit weint. Ich lasse sie einen Augenblick weinen. Dann frage ich sie: „Was ist jetzt?"

„Ami nimmt mich in den Arm. – Sie weiß von meiner Krankheit. Und sie will mir als weise Frau helfen."

„Dann bedank Dich bei ihr und bei Deinem Inneren Freund. – Lebt Deine Oma im wirklichen Leben noch?"

„Nein! Sie ist schon vor langer Zeit gestorben. Da war ich noch ein Kind. Ich habe sie sehr, sehr gern gehabt, und sie mich auch."

Es sind ungefähr zwei Stunden vergangen. Ich unterbreche die Trance erst einmal. Wir haben eine Menge geschafft. Wir nehmen uns vor, noch eine Stunde am Abend zu arbeiten.

In der Abendsitzung versetzt sich Birgit in eine gute Arbeitstrance. Kaum ist sie auf ihrer Wiese, da ist auch schon das Eichhörnchen zur Stelle. Ich halte Birgit an, ihr Eichhörnchen zu begrüßen und ihm zu danken, dass es zur Verfügung steht. Schließlich ist das ja insofern ein Akt der Selbstachtung, als die Wiese und alle ihre Instanzen ja ein Teil des Unbewussten von Birgit sind.

Auf meinen Vorschlag hin unternimmt Birgit einen Spaziergang zu dem Wald, der ihr nicht ganz geheuer erscheint. Und in der Tat wird sie umso unruhiger, je näher sie dem Wald kommt. Sie spricht davon, dass sie ein so 'kribbliges Gefühl' habe, welches sie gar nicht kenne. Angst sei es nicht, eben ein 'kribbliges Gefühl'. Sie wagt sich bis an den Waldrand, dort sei das Gefühl kaum noch auszuhalten.

Ich frage sie:

„Ist das kribblige Gefühl vergleichbar mit einem Gefühl im Zusammenhang mit Deinen Schmerzattacken?"

„Nein, das habe ich noch nie gehabt. Das ist mit keinem anderen Gefühl vergleichbar."

„Wo genau empfindest Du dieses Gefühl?"

„Auf der Haut."

„Überall gleich stark auf der Haut? Oder ist es hier stärker und dort gar nicht?"

„Am Oberkörper ist es ganz wenig, aber am Bauch und an den Oberschenkeln ist es ganz stark."

„Frag doch mal Dein Eichhörnchen, was es dazu sagt. Vielleicht hat es ja eine Idee?"

„Er sagt, es könne damit zusammenhängen, dass ich vielleicht in absehbarer Zeit dort eine Schmerzattacke bekomme."

„Und was rät er, dagegen zu tun?"

„Da weiß er keinen Rat."

„Bitte ihn doch einmal, sich ganz klein zu machen und in die Region hineinzugehen. Vielleicht kann er ja von innen sehen, was sich da zusammenbraut!"

„Ja, jetzt ist er drinnen. Er sagt, da braut sich was im linken Oberschenkel zusammen."

„Kann er etwas dagegen tun? – Vielleicht kann er ja das, was sich da zusammenbraut, wieder ein bisschen verteilen, dass es nicht so konzentriert ist."

„Ja, das will er versuchen."

Birgit fängt an zu weinen. Sie sagt, jetzt setze eine Messerstecherei ein, und zwar tatsächlich im linken Oberschenkel. Ich gebe mir alle Mühe, mit ihr während dieses Geschehens im Gespräch zu bleiben. Deshalb rede ich mit ihr immer weiter, auch dann, wenn sie wegen der großen Schmerzen keine Antwort gibt.

„Konzentriere Dich ganz intensiv auf Deine Schmerzen. Versuche sie ein wenig nach unten zu verschieben. Bitte Deinen Inneren Freund, ein bisschen mit zu helfen. Ihr beide schiebt jetzt das Zentrum der Schmerzen mit aller Kraft nach unten, zunächst nur zwei oder drei Zentimeter. – Schieben! – Vielleicht merkst Du schon eine kleine Veränderung. – Ja? – Sind die Schmerzen erst zwei oder schon drei Zentimeter nach unten gesunken?"

„Ja, ich weiß nicht genau. – Aber ich bin sicher, gesunken sind sie. Ich habe den Eindruck, dass die Schmerzen auch ein bisschen nachgelassen haben. Und runter rutschen tun sie immer noch."

„Dann mach weiter. Auch Dein Innerer Freund soll weitermachen. Runter mit den Schmerzen! Konzentriert Euch! – Die Schmerzen sinken jetzt weiter nach unten und werden schwächer. Konzentriere Dich! – Die Schmerzen sinken jetzt weiter nach unten und werden schwächer. – Nicht wahr? – Du fühlst es!"

„Ja! – Ich fühle es. Die Schmerzen sind jetzt schwächer geworden und sitzen in der Wade. So sind sie fast schon gut auszuhalten."

„Du kannst die Schmerzen jetzt aushalten! Das ist gut! Sie sollen aber weiter nach unten rutschen. Dein Innerer Freund soll dabei helfen! – Lass die Schmerzen noch tiefer sinken, bis sie aus der Ferse hinaus treten! – Wie weit ist es noch bis zur Ferse? – Vier Zentimeter? – zwei Zentimeter?"

„Ja! – Jetzt sitzen die Schmerzen in der Ferse."

„Raus damit! – Raus damit aus der Ferse!"

„Jetzt! – Jetzt gehen sie langsam nach unten weg. – Gleich sind sie ganz weg."

Wir ringen beide nach Luft. Ich greife das Gespräch wieder auf. Ich habe eine Idee:

„Bedank Dich bei Deinem Inneren Freund für die Hilfe! – Bitte ihn, er soll sich einmal in Deinem Körper erkundigen, ob der dieses ´kribblige Gefühl´ vor einer Messerstecherei nicht immer schicken kann. Dann könntest Du Dich ja besser darauf einstellen und vielleicht schon dieses Gefühl aus dem Körper rausschicken, dass es gar nicht erst zu den Schmerzen kommt."

„Da weiß er nicht, ob er das schafft. Aber ich habe ihm gesagt, er soll es wenigstens versuchen."

„Okay! Das ist eine gute Idee! – Was ist mit dem Wald? – Ist er noch immer nicht geheuer?"

„Ja, ich weiß nicht. – Ein Kribbeln jedenfalls habe ich jetzt nicht. Aber so richtig gern gehe ich da jetzt nicht rein."

„Naja, so richtig gern hast Du ja auch Deine Messerstechereien nicht! – Und wenn der Wald und die Schmerzen ja vielleicht etwas miteinander zu tun haben, dann könntest Du ja vielleicht trotzdem in den Wald gehen, auch wenn Du es nicht so richtig gern tust, wenn es wenigstens nicht so richtig *ungern* ist!"

„Gut! – Ich gehe da jetzt rein! – Wenigstens ein paar Meter! – Das ist ja schrecklich, da liegt alles wie Kraut und Rüben durcheinander! – Umgestürzte Bäume, die da langsam vergammeln, kreuz und quer. Da ist fast kein Durchkommen. – Nee! Da komme ich nicht durch. – Ich muss zurück."

„Sieh doch mal, ob Du nicht einen Weg oder eine Schneise findest!"

„Nein! – Ich muss zurück. Das ist ja schrecklich. – Ich gehe jetzt zurück."

Die Patientin geht zurück. Sie verweilt auf meine Bitte noch einen Augenblick an der Quelle der Inneren Kraft. Dort bittet sie darum, die Fähigkeit zu bekommen, die Schmerzattacken vorher durch das Kribbeln zu spüren und hinterher aus dem Körper hinaus zu schieben. Die Quelle der Inneren Kraft sagt ihr, dass sie dazu sehr viel üben müsse. Aber sie könne es schaffen.

Für heute, darüber sind die Beteiligten einer Meinung, ist genug getan.

Am nächsten Tag gibt es noch eine Sitzung. In der geschieht nichts Neues. Vermutlich ist es auch fürs Erste genug.

Die Hausaufgabe ist:

- Immer wieder den Inneren Freund zu bitten, innerhalb des Körpers nachzuschauen, ob und gegebenenfalls wo sich etwas zusammenbraut.

- Auf das Kribbeln zu achten, ob und gegebenenfalls wo es sich einstellt.
- Immer wieder zu versuchen, in den Wald einzudringen.
- Jede Veränderung aufzuschreiben.

Wir verabreden locker einen Termin in fünf Wochen. Allerdings soll Birgit mindestens einmal pro Woche anrufen. Und falls es nötig sei, könnte sie jederzeit kurzfristig einen Termin bekommen.

Eines Morgens, ich habe einen Patienten gerade zur Tür begleitet, und der nächste Patient sitzt auf einem der Stühle im Vorraum, sehe ich den Anrufbeantworter blinken. Darüber, dass es sich bei dem nächsten Patienten um einen finster und depressiv dreinblickenden Patienten handelt, habe ich nicht nachgedacht, als ich den Anrufbeantworter abhöre.

Auf dem Anrufbeantworter ist Birgits sehr aufgeregte, sich fast überschlagende Stimme:

„Hallo Otto, hier ist Birgit. – Du musst mir dringend helfen! – Es ist etwas Schreckliches passiert! – Ich habe heute Morgen meinen Inneren Freund ermordet. Ich habe ihm die Kehle zugedrückt, bis er tot war. Dann habe ich ihn weggeschleudert. – Er hat mich angegriffen. – Er wollte mir in die Kehle beißen. Ich hatte Todesangst. Da habe ich einfach zugedrückt. – Aber jetzt habe ich keinen Inneren Freund mehr. – Was soll ich machen? – Bitte, ruf so schnell, wie es geht, zurück!"

Ich bin entsetzt. So entsetzt, dass es mir in meiner Panik nicht gelingt, den richtigen Knopf zum Ausschalten des Lautsprechers zu finden. Das Mienenspiel des wartenden Patienten durchläuft quasi im Zeitraffer das ganze ihm zur Verfügung stehende Repertoire, so dass ich eigentlich sicher bin, er werde jeden Augenblick wild um sich schlagen, in hysterisches Geschrei ausbrechen oder wild gestikulierend mit dem Kopf gegen die Wand rennen. Er entscheidet sich zum Glück *nur* dafür, seinen Unterarm vor sein Gesicht zu halten und still vor sich hin zu leiden.

Sofort kann ich Birgit nicht anrufen. Ich muss mich natürlich zunächst um meinen Patienten kümmern. Als ich danach anrufe, ist Birgit immer noch sehr aufgeregt, so aufgeregt, dass sie kaum einen vollständigen Satz spricht. Was ist geschehen?

Sie ist im Begriff gewesen, ihre Morgenübung zu absolvieren. Ihr Innerer Freund ist wie üblich zur Stelle gewesen. Sie ist mit ihm zu dem Wald gegangen. Und je dichter sie an den Wald heran gekommen ist, desto merkwürdiger hat sich das Eichhörnchen benommen, bis es sich schließlich am Waldrand Birgit gegenüber in einer höchst aggressiven Pose aufstellte. Und während es so da stand, wuchsen ihm riesengroße Eckzähne, die in einem absoluten Missverhältnis zu dem ansonsten recht zierlichen Körper gestanden haben. Schließlich hat es zum Sprung an Birgits Kehle angesetzt. Sie hat es im Sprung gerade noch mit beiden Händen am Hals erwischen können. Dabei hat es versucht, um sich zu beißen.

Eine wahrhaft beängstigende Situation! Ich bin nicht in der Lage, auch nur einen Satz dazwischen zu bekommen, so sprudelt es aus Birgit heraus.

Sie habe zunächst nur ein bisschen gedrückt, um selbst nicht gebissen zu werden, also um sich zu schützen. Dann habe sie aber eine solche Wut übermannt, dass sie nur noch die Zähne aufeinander gebissen und aus Leibeskräften zugedrückt habe. Es habe bestimmt zwei Minuten gedauert, dann sei der Körper des Eichhörnchens in ihren Händen schlaff geworden. Sie habe aber den Druck noch eine ganze Weile vorsichtshalber gehalten, bis auch das letzte Fünkchen Leben draußen gewesen sei. Dann habe sie den leblosen Körper angewidert fort geschleudert. Da liege er vermutlich noch immer. Sie sei dann blitzschnell aus der Trance gekommen und habe mich sofort angerufen.

Birgit macht eine kleine Atempause. Die nutze ich, um zu Wort zu kommen:

„Ich beglückwünsche Dich zu dem mutigen Schritt!"

Birgit ist total überrascht. Sie hat damit gerechnet, dass ich ihr Vorwürfe mache, weil sie ihren Inneren Freund getötet hat. Ich aber erkläre ihr, dass einem ein wirklicher Freund nicht nach dem Leben trachtet. Und umgekehrt:

„Wer das tut, kann kein wirklicher Freund sein. – Ich sehe das so: Dieses Eichhörnchen hat sich bei Dir als Freund eingeschlichen. Tatsächlich aber ist es das Symbol Deiner Krankheit, der Fibromyalgie, aggressiv, verletzend und auch hinterhältig. Du kannst Dich freuen, dass Du das durchschaut hast und diese Krankheit getötet hast. Ich bin davon überzeugt, dass Du das merken wirst. – Um *diesen* Inneren Freund ist es nicht schade. Ich bin sicher, Du wirst sehr schnell einen echten Inneren Freund finden."

Insgeheim bin ich froh, dass mir diese Interpretation eingefallen ist. Dadurch ist es gelungen, sie erst einmal aus ihrer Panikstimmung herauszuholen. Ein brauchbares Reframing, welches in der aufgebrachten Stimmung sicher auch eine wirksame Suggestion darstellt!

Am nächsten Tag, einem Samstag, sitzt Birgit in meiner Praxis. Sie berichtet, sie habe lange über meine Interpretation ihres Tranceerlebnisses nachgedacht. Inzwischen sei sie davon überzeugt, dass etwas Wahres daran sei. Sie habe die ganze Nacht ohne eine einzige Messerstecherei durchgeschlafen. Das sei schon seit mindestens einem Jahr nicht mehr vorgekommen. Außerdem habe sie gestern nur zwei Anfälle gehabt, und die seien relativ glimpflich verlaufen. Sie glaube inzwischen auch, dass sie – wenn auch nicht die ganze Krankheit, aber – mindestens einen wesentlichen Teil ihrer Fibromyalgie getötet habe.

In einer anschließenden Trance gelingt es schnell, einen neuen Inneren Freund zu gewinnen: Einen Fuchs mit einem besonders auffälligen, buschigen Schwanz.

Mit diesem Inneren Freund gelingt es auch, ein wenig tiefer in den Wald einzudringen, ohne dass Birgit von einem unguten Gefühl oder einem Kribbeln geplagt wird. Dieser Innere Freund findet Wege oder Schneisen, das Chaos von Gestrüpp und umgestürzten Bäumen zu überwinden. Allerdings ist und bleibt es schwierig, abseits vom Wege durch das Gestrüpp zu kommen.

Als die Patientin sich wieder zurück auf die Wiese begibt, rate ich ihr, da der Fuchs keinen Rat weiß, doch einmal ihre Ami zu fragen, was der chaotische Wald zu bedeuten hat. Sie begibt sich den Abhang hinunter zu dem Haus. In diesem Moment kommt die Großmutter heraus. Birgit fragt sie nach der Bedeutung des Waldes und was er mit ihrer Krankheit zu tun habe.

„Sie sagt, das könne sie mir jetzt noch nicht sagen", erklärt Birgit.

Ami gibt also zunächst eine ausweichende Antwort.

„Frag sie, was erst noch geschehen muss, damit sie es Dir sagen kann!"

„Sie sagt, da müsse ich erst noch einiges lernen."

„Frag sie, wo Du das lernen kannst! – Sie soll Dich doch da hinführen."

„Sie geht voraus und sagt, ich soll hinterher kommen. – Sie geht in das Haus. Ich gehe da auch rein. – Hier ist es dunkel. Ami ist nicht mehr zu sehen. – Da ganz hinten am Ende des Ganges ist eine Tür offen."

„Magst Du da hineingehen?"

„Ja. – Ich gehe den Gang entlang. Jetzt stehe ich vor der offenen Tür. – In dem Zimmer ist ein kleines Mädchen im Laufstall. Ein Mann steht davor. Er dreht mir absichtlich den Rücken zu."

„Geh doch mal rein! – Was macht der Mann da? Schau es Dir mal genau an!"

„Komisch! – Immer, wenn ich es mir ansehen will, dreht er sich von mir weg. – Ich glaube, der will vor mir etwas verbergen. – Aber was?"

„Sprich ihn doch einmal an! Sag ihm, er soll Dich einmal ansehen!"

„Er dreht sich wieder weg, als ob er mit mir nicht reden will."

„Ruf doch Ami und frag sie, was das alles zu bedeuten hat!"

„Ami ist nur kurz gekommen und hat gesagt, das müsse ich selbst herausfinden. Dann ist sie schnell wieder abgehauen. – Aber was soll ich denn da herausfinden und vor allen Dingen wie?"

„Wer ist denn das Kind im Laufstall? – Kennst Du das vielleicht?"

„Nee! – Oder warte mal! – Ja! – Ja! – Das bin ja ich! – Ja! – Das bin ich!"

„Frag doch die kleine Birgit, wer dieser Mann ist und was er da macht!"

„Sie sagt: Das ist mein Papa. – Ohje! – Dann ist das ja *mein* Vater!"

„Frag doch die kleine Birgit, was denn ihr Papa dort macht!"

„Sie sagt, der spielt mit ihr."

„Was spielt er denn mit ihr?"

„Das weiß sie auch nicht."

„Wo ist denn ihre Mama?"

„Die ist nicht zu Hause, sagt sie."

„Frag sie: Spielt der Papa immer mit ihr, wenn die Mama nicht zu Hause ist?"

„Sie sagt ja."

„Sonst nicht?"

„Sonst nicht!"

„Frag sie, ob ihr das Spiel Spaß macht!"

„Nein, das macht ihr keinen Spaß, sagt sie. Aber dem Papa macht das Spaß."

Trotz mehrfacher Fragen an den Mann dreht dieser sich immer weg und antwortet nicht. Auch die kleine Birgit weiß keine weiteren Einzelheiten, so dass sich Birgit auf meinen Rat hin von der kleinen Birgit verabschiedet, nicht ohne ihr zu sagen, dass sie wieder kommt, um genau zu erfahren, was der Papa dort mit ihr spielt. Sie soll mal genau aufpassen.

Birgit geht wieder auf den langen dunklen Flur. Seltsamerweise gibt es dort keine weitere Tür außer der Tür nach draußen.

Für den heutigen Tag ist es genug! – Feierabend!

Am kommenden Tag begibt sich die Patientin zunächst mit ihrem Fuchs zusammen in den Wald. Es scheint ihr, als habe sich das Unterholz ein wenig gelichtet und als sei ein wenig mehr Ordnung in dem Wald. Aber sonst geschieht nichts von Bedeutung. Dann begibt sie sich wieder in das Haus. Zunächst einmal ruft sie die Oma und fragt sie, was denn ihr

Vater mit ihr gespielt habe. Ami sagt, sie sei auf dem richtigen Weg, das herauszufinden. Sie solle nur weitermachen. Dann verschwindet sie unvermittelt.

Birgit geht wieder in den offen stehenden Raum. Es bietet sich ihr die gleiche Szene wie am Vortag. Wieder beantwortet ihr Vater keine Frage. Wieder dreht er sich weg, wenn Birgit genauer hinsehen möchte.

Ich rate ihr:

„Schimpf doch einmal mit Deinem Vater. So geht das ja nicht. Du bist krank, und er hat die verdammte Pflicht, Dir zu helfen, die Ursache der Krankheit herauszufinden und die Krankheit wieder loszuwerden. Er soll endlich mit der Sprache herausrücken und zu dem stehen, was er da macht."

Nach einer Weile sagt Birgit:

„Er bleibt immer noch weggedreht. Aber er sagt wenigstens jetzt etwas."

„Was sagt er denn?"

„Er sagt, er könne es mir nicht sagen, weil er sich schäme."

„Frag ihn, ob er sich schämt, weil er etwas tut, was er besser nicht tun sollte!"

„Ja, deshalb schämt er sich."

„Sag ihm, er hätte sich besser vor ´zig Jahren schämen und das nicht tun sollen. Jetzt nützt das Schämen nichts. Im Gegenteil: Du musst es jetzt wissen, damit Du Deine Krankheit in den Griff bekommst."

„Ich weiß nicht, ich glaube, ich weiß ... – Nee, das ist nicht wahr! – Das glaube ich nicht! – Das kann ich nicht glauben!"

„Was macht Dein Vater, sag es mir!"

„Das ist nicht zu fassen! – Du Schwein, Du! – Der masturbiert. – Mein Vater masturbiert und bespritzt mich mit seinem Ejakulat. – So ein Schwein!"

„Frag bitte die kleine Birgit, ob der Papa immer dasselbe Spiel spielt, oder ob er manchmal auch noch ein anderes Spiel mit ihr spielt? Vielleicht eins mit Anfassen?"

„Gott sei Dank! – Das tut er nicht. – Aber dieses ist ja schlimm genug."

„Frag Ami, ob es das ist, welches Du selbst herausbekommen solltest, oder ob es da noch mehr gibt!"

„Ami sagt, mehr nicht. Aber dies hätte etwas mit meiner Krankheit zu tun. Aber jetzt wüsste ich es ja, und es wäre jetzt nicht mehr wichtig."

Die kleine Birgit will sich von der großen Birgit und der Oma verabschieden. Sie sagt, dass sie ja nun nicht mehr gebraucht werde. Das aber lässt die große Birgit auf meinen Vorschlag hin nicht zu. Wir lassen die kleine Birgit langsam erwachsen werden und mit der großen Birgit eins werden.

Dann geht die erwachsene Birgit auf meinen Vorschlag hin noch einmal in den Wald. Dort ist es erheblich aufgeräumter. Es liegen nur noch wenige Baumstämme umher, und es gibt auch nur noch wenig Gestrüpp.

Es ist genug für heute. Ich gebe ihr noch als Hausaufgabe, möglichst oft auf die Wiese zu gehen, in den Wald zu gehen und in das Haus zu gehen und alles Merkwürdige und jede Veränderung aufzuschreiben. Dann verabschieden wir uns.

Der nächste Termin ist in fünf Wochen. Während dieser Zeit erfahre ich telefonisch, dass es Birgit immer besser gelingt, schon vorher zu wissen, dass es eine Messerstecherei geben wird. Es gelingt ihr auch meistens, die Schmerzen langsam aus dem Körper hinaus wandern zu lassen. Außerdem ist die Intensität und Häufigkeit der Schmerzattacken erheblich zurückgegangen. Sie ist sehr zufrieden mit dem bisherigen Erfolg. Bei dem letzten Telefonat beklagt sie sich darüber, dass ihr Innerer Freund, der Fuchs, ihr etwas Kummer bereite: Er gehorche ihr nicht mehr.

Er komme zwar aus seinem Bau, wenn sie ihn rufe, aber er komme nicht zu ihr, sondern schnüffele hier und da herum. Erst nach langer Zeit bequeme er sich dann mal, zu ihr zu kommen, aber auch nur widerwillig und betont langsam. Ich vertröste sie auf die nächste gemeinsame Sitzung.

Ich sage zu Beginn der nächsten Sitzung:

„Ich schlage vor, Du schimpfst einmal kräftig mit Deinem Fuchs. Wenn Du Dich nicht hundertprozentig auf ihn verlassen kannst, kann er ja gehen und braucht nicht wiederzukommen. Einen Freund, der kein echter Freund ist, kannst Du nicht gebrauchen!"

„Au, das hat gesessen!" sagt Birgit nach einer Weile, „er guckt mich mit großen Augen an. Jetzt kommt er erstaunlich schnell zu mir und will sich entschuldigen."

„So einfach geht das nicht: Scheiße bauen − sich entschuldigen − und alles ist wieder gut! − Wieso ist er so unzuverlässig?"

„Er sagt, er kann nicht so, wie er will."

„Verstehst Du, was er meint?"

„Nein!"

„Dann lass es Dir genauer erklären!"

„Er sagt, er sei durch seinen Vater fremdbestimmt. Der habe ihm sein schönes Fell nur geliehen. Das Fell gehört ihm nicht selbst. Und deshalb muss er in erster Linie seinem Vater gehorchen."

„Dann sag ihm, dann kannst Du ihn nicht gebrauchen. − Entweder er löst sich von den Befehlen seines Vaters und hilft Dir, oder er ist nicht Dein Innerer Freund."

„Er *will* aber mein Innerer Freund sein. − Dann muss er aber sein Fell zurückgeben", sagt er.

„Was hindert ihn daran?"

„Dann sieht er ganz hässlich aus. Vor allen Dingen hat er dann ein ganz kleines und hässliches Schwänzchen."

„Das Fell wächst doch wieder!"

„Ja, aber in der Zwischenzeit schämt er sich dann. − Aber für diese Zeit kann ich ihm ja ein Fell stricken. Damit wäre er auch einverstanden."

Die Patientin beschreibt, wie der Fuchs jetzt mit einem gestrickten Fell ganz in pink aussieht. Ich habe eine Idee und bitte Birgit, den Fuchs zu fragen, ob die kleine Birgit vielleicht seinen schönen langen und buschigen Schwanz gesehen habe. Nach anfänglichem Zögern, bejaht der Fuchs diese Frage. Der Vater habe ja damit mit der kleinen Birgit immer gespielt. Aber jetzt nicht mehr. Die kleine Birgit gebe es ja nicht mehr. Die sei ja jetzt groß. Und mit dem hässlichen Schwanz ginge das auch nicht. Er sei jetzt ausschließlich für die große Birgit da, und zwar als *echter* Freund.

Das endgültige Ergebnis:

Die Großmutter ist mit dem Ergebnis zufrieden. Der Wald ist aufgeräumt und ist der Patientin nun nicht mehr unheimlich.

Die Schmerzattacken merkt sie jeweils vorher und kann die Intensität der Schmerzen deutlich verringern und die Schmerzen so verschieben, dass sie aus ihrem Körper hinaus fallen. Manchmal kann sie sie sogar ganz vermeiden. – Und das alles ganz ohne jede Schmerztablette! Und erst recht natürlich ohne Morphium!

Der „Frosch", der eine Phobie auslöst

Beim Bier anlässlich eines Therapeuten-Stammtisches werde ich von einer Kollegin angesprochen: „Otto, ich glaube, ich muss bei Dir mal in Therapie gehen."
Ich fasse das als Witz auf und antworte:
„Ja, ich weiß, wegen Deines Alkoholproblems, Jutta! Das ist nämlich schon Dein zweites Bier heute Abend!"
„Nein, im Ernst! – Ich möchte mal einen Termin bei Dir haben. Hypnose."
„Im Ernst? – Dann ruf mich morgen früh an. Ich habe meinen Terminkalender nicht hier."
„Okay! – Prost!"
„Prost!"
So ganz ernst nehme ich die Sache immer noch nicht. Mindestens kann ich mir überhaupt nicht vorstellen, was die Kollegin will. Sie ist eine fröhliche Frau von etwa vierzig Jahren, die immer einen Spaß auf den Lippen trägt und im Kreise der Kollegen beliebt ist.
Tatsächlich ruft sie mich wegen eines Termins an. Am Donnerstag um 9.00 Uhr ist es dann soweit. Sie sitzt vor mir und berichtet:
„Seit zwei Jahren bin ich nicht mehr in meinem Garten hinter dem Haus gewesen. Jeden Tag bekomme ich mehr Angst. Neuerdings ist es sogar so, dass ich mich nicht mehr auf die Terrasse traue. Und genau genommen weiß ich überhaupt nicht, wovor ich Angst habe. So kann das doch nicht weitergehen! – Es kommt noch so weit, dass ich mich überhaupt nicht mehr aus dem Haus traue!"
Ich frage sie:
„Was war vor zwei Jahren los? – Hat diese Angst ganz plötzlich eingesetzt, oder ging es damit langsam los?"

„Nein, das fing ganz plötzlich an: Ich bin an einem Sonntag im Erdbeerbeet und will ein paar Erdbeeren zum Frühstück pflücken. Da springt vor meinen Füßen ein Frosch aus dem Beet. Ich kriege Panik, fange an zu schreien und renne ins Haus. – Seit diesem Ereignis bin ich nie wieder im Garten gewesen."

„Nie wieder? – Ich kann das gar nicht glauben."

„Nie wieder!" antwortet Jutta.

„Und wie ist das sonst, wenn Du in der Natur spazieren gehst und da quakt ein Frosch?"

„Da können so viele Frösche quaken, wie sie wollen. Das stört mich nicht. Aber wehe, es springt einer über den Weg! Da kriege ich Panik. – Deshalb gehe ich auch schon ungern in der Natur spazieren."

Die Patientin und Kollegin sagt, sie habe vorher nie etwas Derartiges bemerkt. Nun könne sie sich zwar nicht erinnern, dass ihr mal ein Frosch direkt vor ihren Füßen über den Weg gesprungen sei. Aber irgendeine Angst habe sie nie gehabt. Sie habe auch überhaupt keine Ahnung, woher das kommen könnte.

Da ich im Kollegenkreis schon einmal einen Vortrag über Hypnose gehalten habe, brauche ich ihr nichts mehr über eine Hypnotherapie zu erzählen, und es kann sofort losgehen.

Jutta geht zwar in Trance, aber es ist nicht möglich, dass sie sich eine Wiese vorstellt. Es kommt einfach nicht das Bild einer Wiese vor ihr geistiges Auge. Auch kein Strand, kein Wald oder etwas Ähnliches. Aber sie fühlt sich in der Trance wohl und entspannt.

Die Wiese als Anker zur Tranceinduktion bei sich selbst fällt folglich aus. Aber es klappt mit der Atmung:

„Immer, wenn Du Dich in eine gute Arbeitstrance versetzen willst, dann such Dir ein Plätzchen, an dem Du Dich ungestört fühlst. Dann beobachte Deine Atmung! Finde heraus, welches von beiden in dem Moment für Dich das Angenehmere ist, das Einatmen oder das Ausatmen. Ist es das Einatmen, atme dreimal kräftig ein und lass das Ausatmen einfach nur geschehen. Ist es das Ausatmen, dann atme dreimal kräftig aus und lass das Einatmen einfach nur geschehen. Kannst Du das im Augenblick nicht entscheiden, dann atme dreimal kräftig ein und dreimal kräftig aus. Danach befindest Du Dich in einer sehr guten Arbeitstrance."

Und auch das Herauszählen aus der Trance geht komplikationslos: „Wenn Du langsam von fünf bis eins rückwärts zählst, wirst Du mit jeder Zahl 'wacher'. Und wenn Du bei eins angelangt bist. Kannst Du mühelos Deine Augen öffnen, und Du befindest Dich wieder im Hier und Jetzt."

Ja, nun hat Jutta keine Wiese. Es ist mit einer Wiese meistens so schön „einfach". Sie stellt sozusagen eine Stufe dar, die den großen Sprung in die Kommunikation mit dem Unbewussten ein wenig verkleinert. Schade! – Aber die Kollegin steht unter einem hohen Leidensdruck. Das ist vergleichbar mit einem Dampfdruckkochtopf. Ich bin sicher, dass die Dichtung den Druck auch ohne Wiese nicht mehr lange halten kann und der Druck aus dem Topf entweicht.

Ich suggeriere der Patientin, sie sitze in meiner Praxis im Sessel und befinde sich in Trance. (Das ist die Realität). Gegenüber von ihr auf einem Sideboard (etwa vier bis fünf Meter von ihr entfernt!) sitze ein Frosch, der allerdings nicht in der Lage sei, sich zu bewegen. Er sitze dort, wie wenn seine vier Füße auf dem Sideboard festgenagelt seien. Sie könne sicher sein, er bleibe da sitzen.

Die Patientin fängt an, schwer zu atmen. Schweißperlen entwickeln sich auf ihrer Stirn.

Ich fordere sie auf:

„Erzähle mir, was Du fühlst!"

„Ich habe entsetzliche Angst. – Ich möchte weglaufen."

„Das geht aber nicht! – Du kannst ebenso wenig weg wie der Frosch. Beide klebt ihr an eurem Platz."

„Ich weiß, der Frosch kann mir nichts tun. Aber trotzdem habe ich furchtbare Angst. Lass mich hier weg! – Bitte!"

Sie weint laut.

„Ist die Angst genau so groß wie damals im Erdbeerbeet?"

„Ja!"

„Obwohl die Entfernung zwischen Dir und dem Frosch etwa vier bis fünf Meter beträgt und mit Sicherheit nicht kleiner wird?"

„Ja! – Allein schon der Anblick! – Schon bei dem Anblick fühle ich mich ganz schlecht."

„Wie schlecht?"

„Ja, eben schlecht! – So, als hätte ich etwas verbrochen! – ganz mies!"

„Schuldig?"

„Jaha! – Da ist was passiert! – Ja, schuldig, jaha!"

„Ich bitte jetzt Dein Unbewusstes, dass es Dich zurückführt an eine frühere Stelle, wo Du dasselbe Gefühl gehabt hast. – Vielleicht sogar an die Stelle, wo Du das erste Mal ein solches Gefühl erlebt hast."

Pause! – Ich beobachte die Mimik, die zeigt, dass die Patientin schwer arbeitet. Nach einer Weile frage ich:

„Was ist jetzt?"

„Ich bin im Wald."

„Ist es da schön?"

„Nein! – Überhaupt nicht!"

„Was ist es, was nicht schön ist?"

„Ich habe Angst."

„Ist da jemand, vor dem Du Angst hast?"

„Jetzt nicht!"

„Wann dann?"

„Vorhin!"

„Vorhin war da jemand, vor dem Du Angst hattest?"

„Ja!"

„Wer war denn vorhin da?"

„Das sage ich nicht!"

„Warum sagst Du das nicht?"

„Das darf ich nicht sagen!"

„Hat der, der vorhin da war, Dir das verboten?"

„Ja!"

„Weißt Du, warum er Dir das verboten hat?"

„Jaha!"

„Warum denn?"

„Das ist ein Geheimnis!"

„Hat er das gesagt?"

„Ja!"

„Aber wie alt Du bist, kannst Du mir doch verraten, nicht wahr?"

„Fünf!"

„Du kannst mir doch auch verraten, ob das ein Mann war, der vorhin da war?"

„Ja!"

„Hat er mit Dir gespielt oder hat er Dir wehgetan?"

Die Patientin dreht den Kopf nach links und fängt bitterlich an zu weinen. Sie weigert sich trotz mehrfacher Aufforderung, nach rechts zu schauen.

„Sagst Du mir, was da rechts ist?"

„Nein!"

„Warum nicht?"

„Das will ich nicht sehen."

„Ist das denn so schlimm?"

„Ja! – Das will ich nicht sehen."

„Was ist da denn, was Du nicht sehen willst?"

„Das liegt da im Gras. – Aber ich will es nicht sehen!"

„Findest Du denn wieder nach Hause? – Du bist doch jetzt ganz allein hier im Wald!"

„Ja, das ist doch einfach! – Wir wohnen doch gleich da. – Aber ich mag nicht nach Hause gehen."

„Warum magst Du nicht nach Hause gehen?"

„Ich habe Angst!"

„Du bist die kleine Jutta, nicht wahr?"

„Ja!"

„Kennst Du die große Jutta? Die ist schon über vierzig Jahre alt."

„Ja!"

„Kommst Du mit zur großen Jutta? – Die freut sich!"

„Ja, ich komme mit!"

„Dann spreche ich jetzt die große Jutta an: Schau in Dich hinein, wo sich in Dir die kleine Jutta befindet! – Siehst Du sie?"

„Ja, sie sitzt in meinem Herzen und weint. Ich kann sie sehen."

„Tröste sie und sag ihr, dass Du ihr helfen und sie beschützen willst. Sag ihr, dass sie in Deinem Herzen bleiben kann, dass Du sie dort besuchen wirst und mit ihr sprechen möchtest."

„Ja, sie ist einverstanden."

Wir haben die vorgesehene Stunde schon um einige Minuten überschritten. Ich habe den Eindruck gehabt, dass sich angesichts des Verlaufs des Gesprächs keine Möglichkeit ergeben hat, früher zu unterbrechen.

Die Hausaufgabe für die Patientin: Häufiger Besuch bei der kleinen Jutta. Es soll allgemein über die Kindheit geredet werden, damit es möglichst keine Komplikationen in der Kommunikation der beiden gibt.

In der zweiten Stunde rede ich zunächst einmal ohne Trance mit der Patientin. Diese berichtet, die Kommunikation mit der kleinen Jutta verlaufe problemlos, solange sie nicht in die Nähe der Situation im Wald komme. Sobald sie die Situation im Wald anspreche, schweige die kleine Jutta und fange an zu weinen. Ich frage sie, ob sie eine Ahnung habe, was denn da los gewesen sein könne. Sie antwortet, dass sie sich überhaupt nicht vorstellen könne, wovor die kleine Jutta Angst habe. Sie erinnert sich daran, dass sie in einem Haus direkt am Waldrand gewohnt haben: Ihre Mutter, ihr Vater, ihre ältere Schwester und deren Mann. Die ältere Schwester sei sechzehn Jahre älter als sie und schon verheiratet gewesen, als sie selbst fünf Jahre alt war. Mit ihrem Schwager Günter sei sie als kleines Kind gut ausgekommen. Nach etwa vier Jahren seien ihre Schwester und ihr Schwager dann in eine andere Wohnung gezogen. Dann nach ein paar Jahren hätten sich die beiden scheiden lassen.

In Trance geht die Patientin wieder an die Stelle im Wald. Aber es gibt nur wenige neue Erkenntnisse, weil die Kommunikation mit der kleinen Jutta sehr einsilbig verläuft und sie große Angst hat, das Geheimnis zu lüften. Die Fakten am Ende dieser Stunde sind:

- Die kleine Jutta will nicht nach rechts sehen.
- Da rechts liegt etwas auf dem Boden, das ihr Angst macht. Deshalb will sie es sich nicht ansehen.
- Was dort auf dem Boden liegt, gehört eigentlich ihr.
- „Vorhin" war außer ihr ein Mann da, der ihr weh getan hat. Aber er hat ihr verboten, darüber zu sprechen, weil das ein Geheimnis ist.
- Das Wehtun ist genau an der Stelle passiert, an der das was" liegt, was eigentlich ihr gehört, welches sie aber nicht sehen möchte.
- Den Mann kennt sie. Sie sagt aber nicht, wer er ist. Sie will auch nicht auf Ja-Nein-Fragen antworten.

Die Patientin, wieder zurück aus der Trance, ist ratlos. Ich schlage ihr eine so genannte ideomotorische Abfrage vor, zu der sie für die nächste Sitzung ein paar Fragen ausarbeiten soll, die mit ja oder nein zu beantworten sind.

Bei einer ideomotorischen Abfrage wird mit dem Unbewussten der Patientin eine Ja-Hand und eine Nein-Hand vereinbart. Das Unbewusste soll die entsprechende Hand bei einer entsprechenden Antwort heben. Wenn das Unbewusste die gestellte Frage zu dem Zeitpunkt nicht beantworten will, soll es beide Hände heben.

Zur dritten Stunde hat die Patientin folgende Fragen ausgearbeitet:

- Zum Thema: Da rechts liegt etwas auf dem Boden, das eigentlich der kleinen Jutta gehört:
  - Handelt es sich um ein Spielzeug?
  - Hat sie das von zu Hause mitgebracht?
  - Ist das jetzt kaputt?
- Zum Thema: „Vorhin" war außer ihr ein Mann da, der ihr weh getan hat:
  - Ist der Mann ein Nachbar?
  - Ein Verwandter?
  - Ist sie mit dem Mann zusammen in den Wald gegangen?
  - Hat der Mann sie geschlagen?
  - Ist der Mann dann ohne sie nach Hause gegangen?

Ich bekomme das Einverständnis der Patientin, die folgende Frage zusätzlich zu stellen:

- Zum Thema: Geheimnis:
  - Ist es für den Therapieerfolg wichtig, dass das Geheimnis gelüftet wird?

Außerdem gibt mir die Patientin die Erlaubnis, aus der Situation heraus eventuell die eine oder andere Frage zu präzisieren.

Das Ergebnis:

1. Handelt es sich um ein Spielzeug? ▸ Nein
2. Hat sie das, was da liegt, von zu Hause mitgebracht? ▸ Ja
3. Handelt es sich um ein Kleidungsstück? ▸ Ja
4. Bekommen wir jetzt heraus, um welches Kleidungsstück es sich handelt? ▸ Nein
5. Ist es für den Therapieerfolg wichtig, das herauszubekommen? ▸ Ja
6. Ist das jetzt kaputt? ▸ Nein
7. Ist der Mann ein Nachbar? ▸ Nein

8. Ein Verwandter? ▸ Ja
9. Wohnt der mit in dem Haus der kleinen Jutta? ▸ Ja
10. Ist es Juttas Vater? ▸ keine Antwort
11. Ist es Juttas Schwager? ▸ Keine Antwort
12. Wohnt da außer denen noch ein Mann? ▸ Nein
13. Ist sie mit dem Mann zusammen in den Wald gegangen? ▸ Ja
14. Hat der Mann sie geschlagen? ▸ Nein
15. Ist der Mann dann ohne sie nach Hause gegangen? ▸ Ja
16. Ist es für den Therapieerfolg wichtig, dass das Geheimnis gelüftet wird? ▸ Ja

Ich hole die Patientin aus der Trance heraus und gehe mit ihr die Antworten durch.

Merkwürdig erscheinen der Patientin zunächst die Antworten auf die Fragen 3, 4 und 5. Sie kann sich beim besten Willen nicht vorstellen, um was für ein Kleidungsstück es sich handeln könnte und warum das für den Therapieerfolg so wichtig ist.

Ebenso merkwürdig findet sie die Antworten auf die Fragen 9, 10 und 11. Sie erkennt, dass es sich ja entweder um ihren Vater oder um ihren Schwager handeln muss. Aber warum das Unbewusste die Antwort verweigert hat, versteht sie nicht. Sie kann sich überhaupt nicht vorstellen, dass überhaupt und erst recht nicht womit ihr Vater oder ihr Schwager ihr wehgetan haben sollte.

Aus dieser Stunde entlasse ich eine Patientin voller Fragen ohne eine einzige Antwort darauf.

Natürlich habe ich spätestens nach dieser Stunde den dringenden Verdacht, dass es sich um ein sexuelles Missbrauchsgeschehen handelt. Aber solange die Patientin ahnungslos ist, weiß ich als erfahrener Therapeut, dass es das Unbewusste nicht für angebracht hält, diese Information zum jetzigen Zeitpunkt preiszugeben. Und genau so lange kommt nicht einmal das M von Missbrauch über meine Lippen.

Die Patientin sagt zu Beginn der vierten Stunde, sie habe ununterbrochen über das Ergebnis der ideomotorischen Abfrage nachgedacht, könne sich allerdings immer noch keinen Reim darauf machen.

Als die Patientin in Trance geht, rufe ich das Bild der ersten Stunde noch einmal auf: Der Frosch, der etwa vier bis fünf Meter von der Patientin entfernt ist. Die Patientin erlebt dasselbe Gefühl mit der gleichen Intensität wie in der ersten Stunde.

Dann bitte ich die Patientin, an die bestimmte Stelle des Waldes zu gehen, aber ein Bild aufzurufen, welches auch mit einem Frosch zu tun hat. Die Patientin reagiert mit heftigem Weinen, so dass sie kaum auf meine Fragen antworten kann.

„Gibt es da irgendwo einen Frosch?"

„Ich schäme mich so. – Ich will das nicht."

„Was willst Du nicht? Das mit dem Frosch?"

„Ja!"

„Was ist denn mit dem Frosch?"

„Ich will das nicht!"

„Das brauchst Du doch auch nicht."

„Doch! – Aber ich will das mit dem Frosch nicht! – Ich schäme mich so, und ich habe Angst."

„Doch? – Wer sagt das, dass Du das mit dem Frosch musst?"

Die Patientin weint eine ganze Weile und antwortet nicht. Ich frage weiter:

„Wer sagt, dass Du das mit dem Frosch musst?"

„Das sagt Günter. – Aber ich will das nicht."

„Und Günter sagt, dass Du das mit dem Frosch musst?"

„Ja!"

„Und was sagt Günter noch?"

„Dass das schön ist. – Aber das ist gar nicht schön!"

„Günter sagt, dass das mit dem Frosch schön ist?"

„Ja!"

„Hat Günter den Frosch mitgebracht?"

„Ja!"

„Und hat er ihn auch wieder mit nach Hause genommen?"

„Ja!"

„Und habt ihr das mit dem Frosch denn auch mal zu Hause gemacht?"

„Ja! – Aber das ist ein Geheimnis!"

„Ja, das ist ein Geheimnis. Aber der großen Jutta können wir es doch ruhig verraten, nicht wahr?"

„Nein! Das darf keiner wissen!"

Trotz intensiven Bemühens weigert sich die kleine Jutta, die Sache mit dem Frosch preiszugeben. Die Patientin hat immer noch keine Ahnung, worum es sich handeln könnte.

Natürlich ist sie trotz intensiven Übens zu Hause keinen Schritt weiter gekommen. Das erzählt sie zu Beginn der fünften Sitzung. Sie kann sich immer noch nicht vorstellen, wie und womit ihr Günter, ihr Schwager, hat wehtun können und was das mit einem Frosch zu tun haben könnte.

Ich lasse die Patientin wieder die Situation mit dem „festgenagelten" Frosch auf dem Sideboard erleben. Dann bitte ich das Unbewusste, die Patientin in ihr fünftes Lebensjahr zu führen, und zwar möglichst an den Zeitpunkt, wo sie das erste Mal Kontakt mit dem Frosch hat.

Sie erzählt, dass sie mit Günter zusammen spazieren geht. Günter hat gesagt, er wolle mit ihr spielen. Angst habe sie keine, im Gegenteil, sie freue sich, weil Günter ja mit ihr spielen will. Auf dem Weg läuft sie immer einige Meter vor. Beim Zurücklaufen rennt sie in Günters Arme. Der schleudert sie herum und gibt ihr ein Küsschen. Dann beginnt das Spiel von vorn. Auf meine Frage beschreibt sie im Detail ihre Kleidung: Ein blau-weiß kariertes, kurzes Kleidchen. Es ist warm, die Sonne scheint.

Als Günter und die kleine Jutta den Wald erreichen, spielen sie immer noch das gleiche Spiel: Vorlaufen, zurücklaufen, herumschleudern, Küsschen. Plötzlich ist Günter, als die kleine Jutta sich umdreht, um zurück zu laufen, nicht mehr zu sehen. Sie ist irritiert und ruft ihn ein wenig ängstlich. Da hört sie seine Stimme: „Such mich doch!" Sie kann ausmachen, woher seine Stimme kommt, und geht hinter ein Gebüsch. Dort ist eine Stelle mit weichem, hohem Gras. Dort sitzt Günter. Sie ist froh, dass sie ihn gefunden hat, und rennt auf ihn zu. Da Günter sitzt, rennt sie ihn um. Beide fallen ins Gras. Günter hält sie fest in den Armen. Beide liegen im Gras. Günter schlägt ein neues Spiel vor: Er habe einen Frosch, ob sie, die kleine Jutta, ihn mal sehen wolle. Natürlich will sie ihn sehen, und sie fragt, wo der Frosch denn sei. Günter sagt, er habe ihn versteckt. Die kleine Jutta will unter allen Umständen wissen, wo er ihn versteckt hat. Günter fordert sie auf: „Such ihn doch!"

Die kleine Jutta tastet die Hosentaschen des im Gras liegenden Günter ab, findet aber keinen Frosch. Schließlich überzeugt Günter sie davon, seinen Hosenschlitz zu öffnen, dann würde sie den Frosch sehen. Die kleine Jutta hat instinktiv das Gefühl, „dass man das nicht tut", und weigert sich zunächst. Aber Günter macht sie immer neugieriger auf den Frosch und ist ihr beim Öffnen des Hosenschlitzes behilflich.

Spätestens, als der vermeintliche Frosch dann mit Günters Hilfe aus dem Hosenschlitz herausspringt (im beinahe wahrsten Sinn des Wortes!), 'weiß' die kleine Jutta, „dass sie das nicht machen darf" und fängt an zu weinen. Günter redet auf sie ein, dass das überhaupt nicht schlimm sei, wenn niemand davon erfahre, und schwört sie auf „das Geheimnis" ein. Gleichzeitig sagt er ihr, dass es für ihn „sehr schön" sei, wenn sie den „Frosch" anfassen würde. Das tut sie nach langem Zureden.

An dieser Stelle bekomme ich aus der kleinen Jutta keine weitere Information heraus. Ich beruhige die kleine Jutta, dass es überhaupt nicht schlimm sei, dass sie das Geheimnis erzählt habe. Im Gegenteil: Die große Jutta würde sich jetzt riesig freuen, dass sie das wisse.

Die kleine Jutta begibt sich wieder in das Herz der großen Jutta. Ich lasse sie noch eine Weile in Trance und suggeriere der Patientin das Gefühl von Kraft und Sicherheit. Als sie sich einigermaßen wohlfühlt, kommt sie aus der Trance heraus.

Erstmalig realisiert sie ansatzweise, dass es sich wohl um einen sexuellen Übergriff gehandelt habe. Aber ich habe den Eindruck, dass die Patientin im Augenblick nicht weiter darüber sprechen möchte.

Sie macht auf mich einen stabilen Eindruck. Also kann ich sie gehen lassen.

Die Patientin beginnt in der sechsten Stunde damit, auf mich einzureden, dass es sich vielleicht gar nicht um einen sexuellen Übergriff gehandelt habe, indem sie versucht, einige Begründungen dafür zu finden, dass alles ganz harmlos sei. Ich lasse sie ausreden und sage nichts. Nach einer ganzen Weile schweigt Jutta. Offenbar sind ihr die Argumente ausgegangen. Vielleicht hat sie auch bemerkt, wie wenig schlüssig ihre eigene Argumentation ist. Jedenfalls schweigt sie. Und da auch ich nichts sage, ist es lange still. Schließlich sagt Jutta:

„Ich dachte, es könnte so gewesen sein."

Ich blicke sie an und sage:

„Bist Du sicher, dass es so war?"

Jutta denkt lange nach. Dann gibt sie sich einen inneren Ruck und sagt:

„Nein! – Ich weiß, ich mache mir was vor! – Aber ich werde herausbekommen, was damals geschehen ist. – Los, an die Arbeit!"

Sie schließt die Augen und versetzt sich selbst in Trance.

Als sie in Trance ist, starte ich einen neuen Versuch, eine Wiese zu imaginieren. Oh Wunder! – Es gelingt. Sie imaginiert tatsächlich eine Wiese.

Ich lasse sie erzählen, wie es auf der Wiese aussieht:

An der Einstiegsstelle in die Wiese fühlt sich die Patientin wohl. Die Wiese ist links und vorn in der Ferne von einem Wald begrenzt. Rechts sieht man in der Ferne das Meer. Wenn die Patientin nach hinten schaut, sieht sie in einen tiefen Abgrund. Dort hineinzuschauen, macht ihr große Angst. Deshalb bitte ich sie, nur nach vorn zu sehen.

Bei einem Spaziergang auf der Wiese kommt sie an einem Baum vorbei, an dessen Stamm eine Bank zum Sitzen einlädt. Diese Bank stellt sich als die Quelle der Inneren Kraft heraus. Ich bin froh, dass es endlich eine Quelle der Inneren Kraft gibt, und lasse die Patientin viel Kraft tanken. Dann bitte ich das Unbewusste, die Patientin wieder an den Ort des Geschehens der letzten Stunde zurück zu führen.

Die kleine Jutta befindet sich wieder zusammen mit Günter im Gras. Sie berichtet, dass sie weiß, dass es nicht richtig ist, dass sie den „Frosch" anfasst. Aber für Günter sei das schön. Sie selbst finde es nicht schön. Das sagt sie auch zu Günter. Der sagt, dass er es auch für sie schön machen will, und zieht ihr das Höschen aus und wirft es ins Gras. Dann beschreibt die kleine Jutta unter ständigem Weinen die schmerzhafte Berührung ihres Genitals. Schließlich berichtet sie, dass Günter selbst mit dem „Frosch" spiele. Dann sagt ihr Günter noch einmal eindringlich, dass sie um Gottes willen nicht das Geheimnis preisgeben darf, und verschwindet. Er lässt die kleine Jutta allein dort zurück. Sie weint.

Ich schlage vor, dass sie sich wieder in das Herz der großen Jutta begibt. Das geschieht dann. Nach einem längeren Aufenthalt an der Quelle der Inneren Kraft kommt die Patientin aus der Trance zurück.

Wir sehen einander lange an. Niemand sagt etwas, sehr lange, bestimmt eine Minute. Plötzlich schlägt die Patientin mehrere Male mit aller Kraft auf die gepolsterte Armlehne des Sessels, in dem sie sitzt, und beginnt laut zu schreien: „So ein Schwein! – So ein verdammtes Schwein! – Vergreift sich an einem Kind, – an einem unschuldigen Kind von fünf Jahren! – So ein widerliches Schwein!"

Ich sage nichts und lasse sie schreien.

Als sie ziemlich außer Atem mit dem Schreien aufhört, schlage ich ihr vor, eben noch einmal in Trance zu gehen, um dort ihre Aggressionen gegenüber Günter abzubauen. Sie ist einverstanden.

Sie imaginiert einen riesigen Betonklotz. Auf diesen klebt sie eine Fotografie von Günter. Neben dem Betonklotz liegt eine Eisenstange. Sie ergreift die Eisenstange und schlägt auf das Bild von Günter ein. Und dabei lässt sie alles an Frust in Form von Schimpfwörtern heraus. Dabei ist der Rhythmus ihrer fiktiven Schläge mit der Eisenstange an dem Rhythmus des Schimpfens zu erkennen. – Nach vielleicht drei Minuten wird sie leiser. Das Schimpfen geht schließlich in ein immer leiser werdendes Weinen und schließlich in ein Schluchzen über. Ich frage sie, ob sie sich etwas besser fühlt. Sie bejaht und beginnt, während des Schluchzens zu lachen:

„Die Eisenstange ist total verbogen, und der Betonklotz hat schwer gelitten. Das Bild ist total kaputt. – Das hat er verdient, dieses Schwein! Ich habe kein Mitleid mit ihm."

Ein kurzer Aufenthalt an der Quelle der Inneren Kraft lässt sie wieder zur Ruhe kommen. Als sie aus der Trance kommt, sagt sie:

„Vielen Dank. Ich glaube, ich habe es jetzt kapiert: Das Schwein hat mich missbraucht! – Da gibt es nichts zu beschönigen. – Keine Angst! Ich komme damit klar. – Aber jetzt wird mir manches klar. Darüber reden wir das nächste Mal. – Tschüss!"

Zu Beginn der siebten Stunde ist sie wütend und in ihrer Wut fest entschlossen, jetzt sofort alles herauszubringen, was es noch herauszubringen gibt. Sie erzählt, dass sie jetzt manches Detail ihres Sexualverhaltens beim Sex mit ihrem Mann verstehe. Zum Beispiel habe sie noch heute Probleme damit, den erigierten Penis ihres Mannes anzufassen, ohne bisher zu wissen, warum. Außerdem ekele sie sich vor dem Geruch von frischem Sperma. Das habe wahrscheinlich auch mit dieser Geschichte zu tun.

„Aber jetzt will ich's wissen! – Los, lass uns anfangen!"

Und schon macht sie die Augen zu und will sich in Trance versetzen.

„Stopp!" rufe ich. Sie öffnet die Augen wieder und sieht mich verwundert an. Ich mahne zur Ruhe und Geduld. Ich versuche, ihr zu erklären, dass sie zwar weiß, dass ein Missbrauch stattgefunden hat und was der „Frosch" bedeutet, aber *was* im Detail gewesen sei und *wie oft* und *wie lange*, von alledem wisse sie nichts. Und für mich bestehe die Frage: Ist es im Rahmen der Therapie notwendig, alle Details zu erfahren? Oder könnte es sein, dass damit das Risiko einer erneuten Traumatisierung entsteht? Deshalb ist mein Vorschlag, diese Fragen erst einmal ideomotorisch abzuklären, bevor etwas falsch gemacht wird.

Die Patientin ist ein wenig überrascht und fragt:

„Ach, Du meinst, da gibt es noch mehr aufzudecken?"

„Ich meine gar nichts! – Ich habe nämlich keine Ahnung, was passiert ist. Und Du hast auch keine Ahnung davon. Lediglich Dein Unbewusstes. Und das wird genau das vorschlagen, was für Dich am besten ist. Dein Unbewusstes ist nämlich Dein Freund!"

„Okay! Okay! – Du hast mich überzeugt. Machen wir eine ideomotorische Abfrage!"

Jutta und ich bereiten die Fragen gemeinsam vor. Ich bekomme – wie schon bei der letzten Abfrage – die Erlaubnis, aus der Situation heraus neue Fragen zu formulieren oder vorbereitete Fragen der Situation entsprechend abzuwandeln.

Hier die Fragen und Antworten:

1. Gibt es außer dem einen bekannten sexuellen Übergriff noch andere? ▸ **Ja**
2. Sind alle sexuellen Übergriffe von Günter ausgegangen? ▸ **Ja**
3. Müssen die Details aufgedeckt werden? ▸ **Ja**
4. Reicht es, wenn wir nur noch eine Missbrauchsepisode aufdecken? (Kontrollfrage!) ▸ **Nein**
5. Müssen wirklich alle Episoden aufgedeckt werden? ▸ Keine Antwort
6. Gibt es vor der bereits bekannten Episode noch eine? ▸ Nein
7. Muss die bereits bekannte Episode noch weiter bearbeitet werden? ▸ Nein

Ich hole die Patientin aus der Trance zurück. Damit hat niemand gerechnet. Wir sind uns einig, es liegt ein beachtliches Stück Arbeit vor uns, und die Hoffnung der Patientin, mit der Kenntnis, dass es sich um einen einzigen sexuellen Missbrauch handelt, sei alles erledigt, kann nicht erfüllt werden.

Zu Beginn der achten Stunde erlebe ich eine Überraschung: Die kleine Jutta erklärt, dass sie kein weiteres Erlebnis mit Günter gehabt hat, ein Sachverhalt, den ich angesichts der ideomotorischen Abfrage in der letzten Stunde überhaupt nicht nachvollziehen kann. Aber auch immer neue Variationen von Fragen meinerseits ändern nichts an der Aussage der kleinen Jutta. Schließlich zieht sie sich in das Herz der großen Jutta zurück, weil sie „jetzt in Ruhe gelassen werden will".

Einen Augenblick bin ich ratlos. Dann bitte ich das Unbewusste, die Patientin an ein Ereignis zu führen, welches zeitlich nach dem Ereignis stattgefunden hat, welches bereits bearbeitet ist. Nach einem kurzen Moment beginnt die Patientin zu weinen. Sie erlebt, wie Günter eines Morgens an ihr Bett tritt und masturbiert. Gleichzeitig greift er mit der anderen Hand unter ihre Bettdecke und berührt ihr Genital. Im Laufe des Gesprächs ahne ich zunächst, dass wir es mit einer anderen kleinen Jutta zu tun haben, die diese Erlebnisse schildert. Später wird es zur Gewissheit: Eine Zeitlang, vielleicht zwei Monate nach dem ersten Übergriff, gab es keinen sexuellen Übergriff von Günter. Dass es nun wieder zu einem Übergriff kommt, ergibt sich aus der Tatsache, dass außer Günter und Jutta niemand zu Hause ist und Günter den Auftrag hat, Babysitter für Jutta zu sein.

Interessant ist, dass es sich um eine zweite kleine Jutta handelt, die von dem ersten Ereignis im Wald nichts weiß. Diese kleine Jutta berichtet unter Tränen und Schluchzen von mehreren Situationen, in denen Günter sie penetriert und oral missbraucht und ihr sein Sperma ins Gesicht spritzt. Sie leidet dabei ganz fürchterlich. In der zehnten Stunde erzählt sie, wie sie, die im Schlafzimmer ihrer Eltern schläft, eines Nachts einen

Geschlechtsverkehr ihrer Eltern mitbekommt und sich übergeben muss, weil sie schließlich den Geruch von Sperma wahrnimmt.

Die Patientin kommt nach jeweils einem Aufenthalt an ihrer Quelle der Inneren Kraft am Ende jeder Stunde erstaunlich gut klar. Fast kann man sagen: Im Gegensatz zu mir. Jutta hat jeweils am Donnerstag um 8.00 bis 9.00 Uhr eine Therapiestunde. Nach dieser Stunde fühle ich mich außer Stande, einen anderen Patienten zu behandeln. Ich brauche die Stunde von 9.00 bis 10.00 Uhr zur Regeneration.

Aber das ist noch lange nicht das Ende.

Die zweite kleine Jutta, die in der achten bis zehnten Stunde aufgetaucht ist, hat auch im Herzen der Patientin ihre 'Unterkunft' bezogen. Ähnlich wie die erste kleine Jutta hat sie bisher wesentlich zur Aufklärung des Falles beigetragen. Jetzt, in der elften Stunde, allerdings 'streikt' sie. Sie sagt unmissverständlich, es gebe nichts mehr zu berichten. Wieder bitte ich das Unbewusste, die Patientin an ein Ereignis heranzuführen, welches sich an das bereits bearbeitete anschließt. Diesmal habe ich die Hoffnung, dass es nichts mehr zu explorieren gibt. Allerdings muss ich diese Hoffnung begraben. Es meldet sich eine dritte kleine Jutta, die – ebenfalls unter starken Anzeichen des Leidens – von einer neuen Dimension des Missbrauchs berichtet: Günter wartet nicht mehr auf 'günstige Gelegenheiten', wie bisher, nein, er missbraucht die kleine Jutta in jeder sich bietenden, zum Teil außerordentlich abartigen Situation, als brauche er die Gefahr, erwischt zu werden, als zusätzlichen Kick. Das bedeutet natürlich für die inzwischen dritte kleine Jutta ein zusätzliches Angstpotential. Eine solche Szene spielt sich im Keller ab:

Günter und die kleine Jutta werden von Juttas Mutter in den Keller geschickt, um Kartoffeln aus der Kartoffelkiste zu holen. Im Keller angekommen, stellt Günter die kleine Jutta in die Kartoffelkiste hinein und missbraucht sie durch die Holzlatten der Kartoffelkiste hindurch. Als er Juttas Mutter in den Keller kommen hört, stößt er die kleine Jutta von sich fort an die hintere Wand der Kiste, um schnell seine Kleidung in

Ordnung zu bringen. Dabei verletzt sich die kleine Jutta an einem in der hinteren Wand der Kiste befindlichen rostigen Nagel. Sie berichtet, dass diese Wunde vereitert und unendlich langsam heilt. Ich schlage vor, die Patientin solle aus der Trance herauskommen, damit ich auf dem Rücken nachsehe, ob die Narbe von dieser Verletzung zu finden ist. Meine Idee ist, damit letzte Zweifel bei der Patientin auszuräumen, ob alle diese Dinge wohl wirklich passiert sind. Sie ist einverstanden.

Tatsächlich finde ich etwa zwei Zentimeter neben der unteren Brustwirbelsäule eine etwa Cent große Narbe, die – nach ihrem Aussehen zu urteilen – sich die Patientin bestimmt nicht in den letzten paar Jahren zugezogen hat.

Angesichts dieser Entdeckung gesteht die Patientin:

„Auf der einen Seite habe ich gewusst, dass das alles wahr ist. Auf der anderen Seite hat es immer noch so einen kleinen Winkel in meinem Hinterkopf gegeben, in dem sich die Idee gehalten hat: Alles ist nur Fantasie. – Vielleicht ist es gut so, dass meine kleine Hintertür zur Verdrängung nun auch nicht mehr existiert."

Nun ‚wohnen' schon drei kleine Mädchen im Herzen der Patientin. In der dreizehnten Stunde macht sie Bekanntschaft mit einer vierten kleinen Jutta. Diese erlebt wieder eine neue Dimension von Erlebnissen mit Günter:

Günter hat Sex mit Juttas Mutter, und Jutta soll dabei zusehen. Eine Situation, die die Patientin wieder derart in Wut geraten lässt, dass ich am Schluss der Stunde wieder zu dem probaten Mittel greife, einen Betonklotz mit dem Bild von Günter kurz und klein schlagen zu lassen. Die Mutter der Patientin weilt nicht mehr unter den Lebenden. Aber die Patientin nimmt sich vor, ihre ältere Schwester zu besuchen, was sie ursprünglich abgelehnt hatte. Sie möchte herausfinden, ob ihre Schwester von diesen skandalösen Zuständen gewusst hat.

Bei ihrem Gespräch mit der Schwester stellt sich heraus, sie hat gewusst, dass Günter eine geraume Zeit lang mit seiner Schwiegermutter ein

Verhältnis hatte. Das war auch einer der Gründe, weshalb die beiden aus dem elterlichen Hause weggezogen sind. Dass Günter die kleine Jutta sexuell missbraucht hat, hat ihre Schwester angeblich nicht gewusst.

In der vierzehnten Stunde wird wieder eine ideomotorische Abfrage gemacht:

1. Gibt es außer den vier bereits bekannten noch eine kleine Jutta?
   ▸ Ja
2. Gibt es noch mehr als eine kleine Jutta? ▸ Nein
3. Müssen auch die Erlebnisse der fünften kleinen Jutta exploriert werden? ▸ Ja
4. Brauchen wir noch mehr als drei Stunden? ▸ Ja
5. Brauchen wir noch mehr als sieben Stunden? ▸ Nein
6. Brauchen wir noch mehr als vier Stunden? ▸ Keine Antwort

Nach dieser Abfrage kommt die Patientin aus der Trance heraus. Sie ist entsetzt, dass es offenbar noch eine neue Dimension des Missbrauchs gibt, auf die sie sich jetzt einstellen muss. Sie möchte diese in dieser Stunde nicht erleben, sondern viel lieber im Rahmen eines Gesprächs ihrer Wut Luft machen. Die Wut Günter gegenüber habe sie ja schon weitgehend abgebaut. Aber nach der letzten Stunde sei ihr klar geworden, dass ja ihre Mutter davon gewusst haben müsse, dass Günter seine Perversität an der kleinen Jutta auslasse. Wie sonst sei es zu erklären, dass sie Spaß daran gehabt habe, dass ihre Tochter zusehen musste, wie sie selbst sich mit Günter vergnügte. Und auch sie habe ihr eingeredet, das sei ein Geheimnis, welches gehütet werden müsse.
Während dieses Gesprächs redet sich die Patientin so in Rage, dass sie schließlich einen Betonklotz mit dem Bild ihrer Mutter verlangt. Nachdem sie den fiktiven Klotz kurz und klein geschlagen hat, sagt sie befriedigt:
„So! – Das war nötig!"

In der nächsten Stunde lernen Jutta und ich die fünfte kleine Jutta kennen. Sie hat mehrfach erlebt, wie nicht nur Günter, sondern auch noch ein Kollege von ihm die inzwischen acht bis neun Jahre alte Jutta im elterlichen Hause sexuell missbraucht hat. Offenbar ist das Treiben in dem Hause doch nicht ganz geheim geblieben, denn die fünfte kleine Jutta erzählt, dass sie von einer Nachbarin gezielt ausgefragt wird. Aber sie vermeldet stolz: Ich habe nichts gesagt! Das ist ja ein Geheimnis!"

Endlich ist in der sechzehnten Stunde die Phase der Exploration bei den kleinen Juttas vorüber! Nun können Jutta und ich daran gehen, die fünf Persönlichkeitsanteile, die bisher in ihrem Herzen 'wohnen', zusammen zu führen, erwachsen werden zu lassen und dann mit der großen Jutta quasi verschmelzen zu lassen, eins werden zu lassen, die große Jutta heil werden zu lassen.

Das gelingt anfänglich sehr gut: Alle fünf kleinen Mädchen werden zu einem, das langsam – Jahr für Jahr – älter wird. Aber es gibt eine Komplikation: Dieses Mädchen stoppt den Prozess des Älterwerdens kurz vor ihrem 18. Geburtstag. Da die Zeit in dieser Stunde bereits fortgeschritten ist, kann dieses Ereignis nicht mehr bearbeitet werden. Es gelingt, die inzwischen siebzehnjährige 'kleine' Jutta bis zum nächsten Mal im Herzen zu 'deponieren'. In den paar Minuten der verbleibenden Zeit rätseln wir hin und her, was wohl die Ursache für den Entwicklungsstopp sein könnte. Aber die Patientin hat keine Ahnung.

Wieder wird in der nächsten Stunde eine ideomotorische Abfrage gemacht:

1. Muss die Ursache für den 'Entwicklungsstopp' herausgefunden werden? ▸ Ja
2. Gibt es auch dafür eine kleine Jutta, die uns hilft? ▸ Nein
3. Muss dann das Unbewusste direkt um Hilfe gebeten werden? ▸ Nein
4. Die letzten beiden Antworten widersprechen doch einander? ▸ Nein

Ich sage der Patientin, dass ich die Antworten nicht verstehe. Meines Erachtens seien sie widersprüchlich. Niemand weiß einen Rat. Also bitte ich die Patientin, einmal in ihr Herz hinein zu sehen, ob es da noch jemanden gibt, der für irgendetwas zuständig ist, das jetzt kurz vor ihrem achtzehnten Geburtstag geschehen ist. Ich bin nicht wenig überrascht, als Jutta sagt, sie sähe tatsächlich dort eine junge Frau, die verschüchtert sei, weil sie offenbar etwas Schreckliches erlebt habe. Auf meine Frage hin antwortet die Patientin, das sei keine 'kleine' Jutta. Diese Jutta sei schon groß, aber eben nicht so alt wie die große Jutta, eben die junge große Jutta.

Es ist schwer, die junge große Jutta davon zu überzeugen, in eine Kommunikation mit der großen Jutta zu treten. Schließlich erklärt sie sich einverstanden, Ja-Nein-Fragen wahrheitsgemäß zu beantworten, ein mühsames Geschäft! Am Ende der Stunde ist klar:

- Auch die junge große Jutta hat etwas Schreckliches erlebt.
- Sie schämt sich und hat Angst.
- Der Übeltäter war ein Mann, aber nicht Günter.
- Sie kennt diesen Mann nicht. Sie hat ihn weder vorher noch hinterher gesehen.
- Sie hat niemandem davon erzählt, weil sie sich so sehr geschämt hat.

Außerhalb der Trance kann sich die Patientin an kein schreckliches Ereignis erinnern.

In der achtzehnten und neunzehnten Stunde gelingt es zunächst mit Ja-Nein-Fragen, die Art des schrecklichen Erlebnisses der Patientin zu erfahren: Sie ist von einem fremden Mann auf dem Heimweg im Dunkeln vergewaltigt worden.

Nachdem das heraus ist, erzählt die junge große Jutta noch ein paar Einzelheiten. Dann erklärt sie sich bereit, sich mit der bereits im Herzen wartenden Jutta zu vereinigen. Aber infolge der fortgeschrittenen Zeit lässt sich die Verschmelzung mit der großen Jutta erst in der zwanzigsten Stunde vornehmen.

Nach dieser für die Patientin emotional sehr ergreifenden Verschmelzung bitte ich die Patientin, noch einmal das Eingangsbild aufzurufen: Der festgenagelte Frosch auf dem Sideboard. Sie spricht über ihre augenblicklichen Gefühle.

Die Patientin scheint selbst überrascht zu sein, dass sie keine Panik empfindet. Sie sagt dann: „Der arme kleine Frosch kann ja auch überhaupt nichts dazu, dass dieses Schwein von Günter ihn zum Symbol gemacht hat! – Warum sollte ich jetzt Angst vor ihm haben, wo ich das jetzt weiß?"

Ich kündige an, dass ich dem Frosch nun erlauben würde, umher zu hüpfen und sich so zu bewegen, wie er will.

„Das macht mir jetzt nichts mehr. Günter hat keine Macht mehr über mich. Der ist für mich gestorben! – Ich kann den Frosch auch anfassen und streicheln. Das tue ich jetzt auch!"

Nach dem Streicheln bedankt sich die Patientin bei dem Frosch, dass er ihr geholfen hat, „die ganze Scheiße" aufzudecken, und entlässt ihn in die Freiheit.

Auf mein Bitten hin geht sie noch einmal auf ihre Wiese. Dabei stellt sie fest, dass sich jetzt hinter ihr kein dunkler Abgrund mehr befindet. Hinter ihr ist jetzt auch Wiese. Dabei ist das Gras ganz frisch eingesät und beginnt gerade zu sprießen. Ein schmaler gepflasterter Pfad führt auf die neu eingesäte Fläche.

„Da ist etwas, was ich nicht erkennen kann. – Ich gehe mal den Pfad entlang. Ich bin neugierig, was es ist. – Ein Gartenzwerg? – Nein, ein Frosch aus Ton, so groß wie ein Gartenzwerg!"

„Magst Du ihn streicheln?"

„Ja! – Natürlich streichele ich ihn! – Der sieht richtig lustig aus. – Hier fühle ich mich wohl. Hier komme ich öfter her."

Der Hund, der seinen Job tut

„Geh weg! – Lass mich! – Geh weg, geh weg!"
Geradezu hysterisch schreit Petra, eine Kollegin, die bei mir eine Ausbildung in Hypnotherapie macht, während einer Partnerübung unvermittelt los.
„Geh weg! – Lass mich! – Geh weg!"
Petra gerät so in Panik, dass ihre Partnerin, die ja auch erst in der Ausbildung ist, nicht weiß, was sie tun soll.
Weitere Worte kann man zunächst nicht verstehen, aber es ist offensichtlich: Petra hat panische Angst. Aber vor was?
Weil Petras Übungspartnerin völlig überfordert ist, mische ich mich ein und bekomme heraus, dass sich Petra bedroht fühlt, aber es gelingt mir nicht, die genaue Ursache der Bedrohung herauszufinden. Petra schreit immer nur: „Geh weg! – Lass mich! – Geh weg!" Ich suggeriere ihr, dass ´er´ jetzt im Begriff ist wegzugehen.
„Schau es Dir an! – Du siehst es! – ´Er´ hat sich umgedreht und geht weg. – Es besteht keine Gefahr mehr für Dich! – Merkst Du es?"
Die Kollegin beruhigt sich allmählich. Ich bitte sie, mir doch zu erklären, wer das gewesen ist, der sie bedroht hat. Sie beginnt wieder, schneller zu atmen, während sie ruft:
„Das war ein Hund! – So eine richtige Bestie! – Der stand vor mir, bellte mich an und sprang sogar an mir hoch!"
Ich beruhige sie: „Der ist jetzt aber schon ganz weit weg und kommt nicht mehr wieder. – Siehst Du ihn überhaupt noch? – Vielleicht nur noch als kleinen Punkt?"
Die Kollegin ist wieder ruhig, sie hyperventiliert nicht mehr. Ich hole sie aus der Trance zurück.

Ich frage sie nach der allgemeinen Partnerübung, ob sie der Gruppe erzählen mag, was sie erlebt hat, und ob sie eine Begründung dafür weiß.

Sie erzählt die folgende Geschichte:

„Ich habe furchtbare Angst vor Hunden. Und die wird immer schlimmer. Ich jogge doch so gern. Und da begegnen mir natürlich auch Hunde. Ich habe eine solche Angst, dass ich umkehre oder einen anderen Weg laufe, sobald ich einen Hund sehe. Das ist lästig. Auch in der Stadt begegnen einem Hunde. Auch wenn die an der Leine sind, habe ich eine panische Angst. Meistens wechsele ich dann die Straßenseite."

„Und wie kommt das?" frage ich.

„Ich glaube, ich bin als junges Mädchen einmal von einem Hund gebissen worden. Ich weiß das nicht mehr so genau."

„Und wieso bist Du jetzt eben in Panik geraten?"

„Sie (sie meint ihre Partnerin bei der Partnerübung) hat gesagt, ich soll mich in das Gras legen und an nichts denken, nur dem Summen der Bienen lauschen. Und dann hat sie gesagt: ′Vielleicht hörst Du in der Ferne einen Hund bellen′, und da war es um mich geschehen! Der ist dann auf mich zu gekommen."

„Und was tust Du dagegen?"

„Nichts! – Keine Ahnung! – Aber vielleicht müsste ich da mal ran, nicht wahr?"

Zwei Wochen später ist die Kollegin meine Patientin.

Mit irgendwelchen Präliminarien brauchen wir uns nicht aufzuhalten. Petra weiß Bescheid, was Hypnotherapie bedeutet und was auf sie zukommen kann. Schließlich hat sie die Ausbildung bei mir absolviert!

Die Imagination einer Wiese in Trance ist schnell geschehen, und die Einführung der Selbsttrance ist ein Kinderspiel. Schon während der Ausbildung hat sie eine Biene als Inneren Freund und eine Brücke über einen Bach als Quelle der Inneren Kraft installiert.

Ich bitte die Biene also gleich in der ersten Stunde, der Patientin Bilder zu schicken, die mit der Ursache der Angst vor Hunden zu tun haben.

Die Patientin beschreibt das erste Bild: Sie singt als junges Mädchen mit etwa fünfzehn Jahren in einer Schüler-Rockband. Das macht viel Spaß. Die Besetzung: zwei Gitarren, ein Bass, ein Schlagzeug und sie als Sängerin. Sie proben in einem Kellerraum im Hause des Bassisten. Es gibt großen Ärger mit den Eltern des Jungen wegen des Lärms. Sie schildert nacheinander *einige* solcher Szenen im Detail, als erlebe sie sie just in dem Moment.

Weder Petra noch ich haben eine Ahnung, was das alles mit der Hundephobie zu tun haben soll. Deshalb fragt die Patientin ihren Inneren Freund, die Biene. Diese rät zur Geduld.

In der zweiten Stunde kommen wieder Bilder, wo die Band in einem Kellerraum probt, aber es ist ein anderer Kellerraum. Noch immer ist kein Zusammenhang mit der Hundephobie zu erkennen. Wieder fragt Petra ihren Inneren Freund. Und wieder rät er zur Geduld. Schließlich fragt sie ihren Inneren Freund, ob denn die Ursache der Hundephobie überhaupt in der Zeit liege, aus der die Bilder stammen. Er bejaht.

Auch in dieser Stunde ergibt sich keinerlei Anhaltspunkt, um auf die Ursache der Hundephobie zu schließen.

In der dritten Stunde gibt es wieder Bilder aus der Zeit der fünfzehnjährigen Petra. Die Band probt in einem anderen Raum. Der sieht aus, so sagt Petra, wie eine Halle einer stillgelegten Fabrik. Die Patientin beschreibt den Raum im Detail. Plötzlich stellt sie fest:

„Die proben ja ohne mich!"

„Wo bist Du denn, während Deine Band probt?"

„Das weiß ich nicht."

„Frag Deine Biene!"

„Die sagt, ich solle mich gedulden. Ich sei noch nicht da. – Da kommt jemand mit dem Fahrrad. Das *bin* ich. Ich muss durch eine Art Fabriktor. Da schiebe ich mein Fahrrad hindurch. Dann steige ich wieder auf und fahre so ungefähr zwei- dreihundert Meter zu einer Stahltür. Da stelle ich mein Fahrrad ab. Jetzt will ich da rein. – Aber da ist ja zu. Ich komme nicht rein. – Scheiße! – Was mache ich denn nun?"

Die Patientin ist aufgeregt und atmet schwer. Sie beschreibt das folgende Bild: Sie trommelt mit den Fäusten gegen die Tür und ruft. – Aber vergeblich, weil die Musik so laut ist. – Sie ist furchtbar wütend, weil sie keiner hört.

Dann zeichnet sich eine aufsteigende Panik in ihrer Stimme ab. Ein großer schwarzer Hund kommt angerannt. Er springt sie an und beißt sie, während sie sich wehrt und weglaufen will. Sie schreit vor Schmerz. Gleichzeitig schreit sie um Hilfe. Der Hund lässt nicht von ihr ab. Sie blutet am rechten Bein und am linken Arm.

Nach einiger Zeit kommt ein Mann gelaufen und ruft den Hund zu sich. Er gehorcht. – Die Patientin kommt ins Krankenhaus. Die Wunden werden genäht.

Damit endet die Szene. Die Patientin befindet sich im gleichen Augenblick auf der Brücke, ihrer Quelle der Inneren Kraft. Sie befragt ihre Biene, ob diese Szene die Ursache für ihre Angst vor Hunden sei. Die Biene bejaht. Ich lasse die Biene fragen, ob sie eine Idee habe, was wir nun machen sollen. Die Biene antwortet, *sie* könne sich gut in die Lage des Hundes versetzen. Der Hund sei an dieser Situation völlig unschuldig und eigentlich auch ein ganz lieber Hund.

„Frag Deine Biene, wieso der Hund unschuldig ist!"

„Sie sagt, *ich* bin ja schließlich in das Gebiet eingedrungen, das von dem Hund bewacht werden soll. Und dann habe ich auch noch gegen die Tür getrommelt – Aber was hätte ich denn tun sollen? – Ich musste doch da rein."

„Sag das Deiner Biene, nicht mir!"

„Sie sagt, der Hund hat von seinem Besitzer den Auftrag, das Areal zu bewachen. Und nichts anderes hat er getan."

„Da ist was dran! – Da hat Deine Biene nicht Unrecht, nicht wahr?"

„Ja, aber deshalb braucht der blöde Köter mich ja nicht gleich zu beißen, dass ich Todesangst bekomme!"

„Versetze Dich doch einmal in die Situation des Hundes, wie sich das dann anfühlt! – Du bist jetzt der Hund: Du merkst oder hörst, da ist jemand, der gewaltsam in das Gebäude will. Du hast die Verantwortung dafür, dass das nicht passiert. Was tust Du?"

„Ich renne natürlich sofort dahin und versuche, potenzielle Einbrecher zu vertreiben."

„Und jetzt erwischst Du einen von denen!"

„Ich halte ihn fest, um ihn meinem Herrchen zu übergeben."

„Braver Hund! – Das hast Du gut gemacht. – Hast Du den Dieb gebissen?"

„Ja, er wollte doch weglaufen! Wie sollte ich ihn denn sonst festhalten?"

„Warum hast Du das getan? – Warum hast Du ihn nicht laufen lassen?"

„Das kann ich doch nicht machen! – Das ist mein Job! – Sonst hätte ich einen Tadel oder gar Prügel von meinem Herrchen bekommen!"

„Und dass der Einbrecher große Angst hatte, kümmert Dich nicht?"

„Er hätte ja nicht einzubrechen brauchen! Das durfte er doch nicht!"

„Zurück zur Realität: *Du* bist der Einbrecher! – Der Hund tut seinen Job, genau das, was Du als Hund auch tun würdest."

„Ja, das stimmt wohl", sagt Petra ein wenig kleinlaut. – „Aber trotzdem, der Hund hat mich gebissen!"

„Weil Du weglaufen wolltest. Und das konnte er nicht zulassen. Der Hund wusste nichts davon, dass Du nur singen wolltest!"

In der vierten Stunde imaginiert die Patientin eine Situation, in der ihr in der Stadt ein Hund an der Leine entgegen kommt. Der Hund ist ungefähr 30 Meter entfernt. Sie beschreibt die aufsteigende Angst. Ich schlage vor, die Patientin soll ihre Biene bitten, das Bild zu stoppen, so wie ein Film angehalten werden kann.

„Wovor hast Du Angst?"

„Dass mich der Hund beißt!"

„Wieso sollte Dich der Hund beißen? – Es gibt für den Hund keinen Grund, Dich zu beißen. Hunde beißen nur dann, wenn sie ihren Job als Wächter machen und wenn dann jemand einbricht."

„Aber vielleicht bellt er mich an!"

„Dann hat *er* Angst vor *Dir*. Dann denkt er, *Du* willst ihn angreifen. Dann macht er es so wie Du, wenn Du von ihm angegriffen wirst: Du schreist. Der Hund bellt, statt zu schreien. – Deshalb schlage ich vor, Du siehst in die andere Richtung und ignorierst ihn. Dann bellt er nicht. – Mach das mal, wenn das Bild wieder läuft!"

Ich bitte die Biene der Patientin, das Bild wieder laufen zu lassen und anzuhalten, als der Hund noch etwa fünf Meter entfernt ist.

„Ich bin langsam gegangen und habe zur anderen Seite geguckt."

„Und? – Hat sich der Hund irgendwie auffällig benommen?"

„Nein!"

„Hat er vielleicht andere Passanten vor Dir angebellt?"

„Nein!"

„Dann mach weiter so, wenn die Bilder wieder laufen!"

Das Bild soll wieder angehalten werden, wenn der Hund direkt neben der Patientin ist.

„Und nun schau Dir den Hund ganz genau an! – Was macht er? – Bellt er Dich an?

„Nein!"

„Wohin blickt er? – Dir in die Augen?"

„Nein, der sieht mich überhaupt nicht an!"

„Du bist Luft für ihn! – Der will überhaupt nichts von Dir, weil Du nichts von ihm willst! – Und nun machen wir das Ganze noch einmal, ohne das Bild anzuhalten. Die ganz normale Szene: Der Hund an der Leine kommt Dir entgegen. Im Augenblick ist er etwa 30 Meter entfernt. Siehst Du ihn?"

„Ja, ich sehe ihn. Er kommt auf mich zu."

„Schau ihn nicht an! – Du siehst in die andere Richtung und gehst weiter, als gäbe es keinen Hund. Er kommt immer näher, aber Du siehst in die andere Richtung. Jetzt seid Ihr auf gleicher Höhe! – Der Hund trottet vorbei, als gäbe es Dich überhaupt nicht, nicht wahr?"

„Ja!"

Ich lasse die Biene noch dreimal Bilder einer solchen Situation schicken, die letzten beiden Szenen laufen, ohne dass der Hund angeleint ist. Bei der letzten Szene gelingt es der Patientin sogar, den Hund zu streicheln.

Die Patientin kommt aus der Trance heraus. Ich schlage ihr vor, derartige Experimente mit echten Hunden in realen Situationen zu machen. Dazu hat sie keinen Mut. Sie bettelt wie ein kleines Kind, ich solle mitkommen.

Wir verabreden einen neuen Termin. Meine Idee ist: Ich werde die Patientin, ohne sie jetzt darauf vorzubereiten, mit einem Hund konfrontieren, aber nicht mit einem fremden Hund auf der Straße, sondern mit dem Hund eines Bekannten in der Praxis.

Der Hund des Bekannten, ein Mischlingsrüde von der Größe eines Schäferhundes, befindet sich schon vor der Stunde im Praxisraum. Die Tür ist geschlossen. Als die Patientin klingelt, bellt der Hund (selbstverständlich!). Als die Patientin in den Vorraum kommt, hat sie Angst, denn sie hat natürlich das Bellen gehört.

„Was glaubst Du, warum bellt der Hund?" frage ich.

„Der bewacht die Praxis?"

„Genau! – Und das wird er auch machen, wenn Du jetzt da hinein gehst. Der macht seinen Job und nichts anderes. Und was machst Du?"

„Ich weiß nicht!"

„Du ignorierst ihn. Du schaust in die andere Richtung und tust, als sei er überhaupt nicht da. – Klar? – Auch wenn der Hund auf Dich zu läuft und an Dir schnuppert! – Klar?"

„Ich weiß nicht!"

„Aber ich weiß! – Genau so wird es gemacht! – Ja?"

„Meinst Du?"

„Ja, das meine ich! – Okay? – – Okay?"

„Ja! – Okay!"

Es läuft genauso ab, wie es besprochen ist. Die Patientin hält sich tapfer. Der Hund beschnüffelt sie. Die Patientin beachtet ihn nicht und setzt sich in den Besuchersessel. Der Hund setzt sich neben den Sessel und schaut abwechselnd sie und mich an. Ich sage ihr, sie solle sich ihm zuwenden und eine Hand so ausstrecken, dass er ihren Handrücken beschnüffeln kann. Dann soll sie ihn mit dieser Hand ganz langsam streicheln. Sie tut es und ist offenbar überrascht, dass sich der Hund das gefallen lässt. Dann sage ich, sie soll die andere Hand hinzunehmen und ihn mit beiden Händen streicheln. Es ist offensichtlich, dass das beiden gefällt. Plötzlich legt sich der Hund auf den Rücken und fordert die Patientin quasi auf, das Streicheln zu intensivieren. Zunächst weiß sie nicht, was sie machen soll. Ich rede ihr gut zu, ihn zu kraulen.

Nach fünf Minuten liegen Hund und Patientin auf dem Boden und schmusen miteinander.

Der Junge, der seine Geschwister nicht kennt

„Endlich habe ich mich dazu durchgerungen, mir helfen zu lassen. Genau genommen war es meine Freundin, die mich davon überzeugt hat", sagt ein etwa zwanzigjähriger junger Mann.

„Hat sie Sie überzeugt oder überredet?" frage ich nach.

„Nein, ich denke, sie hat mich überzeugt."

„Nun gut! Dann erzählen Sie mal, wie ich Ihnen helfen kann!"

Der junge Mann erzählt:

„Vier-, fünfmal im Monat geht es mir schlecht. Dann bekomme ich starkes Herzklopfen, ich schwitze sehr stark, meine Kehle ist wie zugeschnürt und mein Mund ist ganz trocken. Dabei gerate ich regelrecht in Panik, und mir kommen dann ganz eigenartige Gedanken. Zum Beispiel denke ich; ich bin ein ganz schlechter Mensch, oder ich tue meiner Familie etwas an. Außerdem bin ich meiner Freundin gegenüber dann unheimlich eifersüchtig, obwohl dazu überhaupt kein Grund besteht."

„Wann hatten Sie denn das erste Mal diese Symptome?" frage ich.

Das erste Mal hatte der Patient diese Symptomatik vor ungefähr sechs Jahren. An ein auslösendes Ereignis kann er sich nicht erinnern. Dann hat es sehr lange gedauert, vielleicht ein bis eineinhalb Jahre, bis sich die Symptomatik erneut eingestellt hat. Auch da hat es seiner Meinung nach kein auslösendes Ereignis gegeben. Dann hat die Häufigkeit stetig zugenommen. Das letzte Mal ist diese Symptomatik am vorigen Wochenende aufgetreten.

Die erste Tranceübung geht problemlos, ebenso die Wiese als Anker zur Selbsttrance. An der Einstiegsstelle in die Wiese fühlt der Patient sich wohl. Die einzige Stelle der Wiese, die problematisch zu sein scheint, ist ein hoher Wall, der die Wiese nach rechts begrenzt. Der Wall ist so hoch, dass der Patient nicht weiß, was sich dahinter verbirgt.

In der zweiten Stunde geht der Patient auf meinen Vorschlag hin auf den Wall zu, um dann vielleicht herauszufinden, was sich dahinter verbirgt. Zunächst erscheint es ihm unmöglich, jemals den hohen Wall zu überwinden oder auch nur hinüber zu schauen. Allerdings ist er, nachdem ich ihn dazu ermuntert habe, in der Lage, sich schwebend auf den Wall zu erheben. Von dort aus eröffnet sich ihm eine idyllische Landschaft: Große Kornfelder und ein einladender See, an dessen Strand sich ein wunderschönes Haus befindet mit je einer Säule rechts und links am Eingang.

Ich kann den Patienten dazu bewegen, sich zu diesem Haus zu begeben, obwohl „es ihn dort nicht hinzieht". Als er vor dem Haus steht, empfindet er es als pompös. Er traut sich zunächst nicht, dort hinein zu gehen. Andererseits reizt es ihn schon, zu erfahren, was in dem Haus ist. Schließlich fasst er sich ein Herz und geht hinein. Die Tür ist nicht verschlossen.

Er tritt in eine große Eingangshalle. Sein Blick fällt auf eine breite Treppe, die nach oben auf einen Treppenabsatz führt, von dem aus je eine Treppe rechts und links in die erste Etage führt.

Seinem Gefühl nach ist er allein in dem Haus. Es ist ziemlich dunkel und kalt. Er will auf meinen Vorschlag hin die Treppe hoch gehen. Aber die Treppenstufen erweisen sich als nass, glitschig und kalt. Er bleibt lieber unten.

Daraufhin schlage ich vor, sich die untere Etage genauer anzusehen.

Hinter der Treppe befindet sich eine Tür. Der Patient 'weiß', ohne die Tür zu öffnen, dass dahinter eine Toilette ist, in der eine Leiche liegt. Er möchte da nicht hineinsehen. Eine zweite Tür, die sich auch hinter der Treppe befindet, möchte der Patient auch nicht öffnen. Er 'weiß', es handelt sich um die Tür, die in den Keller führt. Dort sei es dunkel, und es befinde sich dort ein Kerker mit bösen Geistern. Das mache ihm Angst.

Ich zweifele sein 'Wissen' an und frage ihn, ob er schon einmal hier gewesen sei. Nach einigem Nachdenken verneint er, obwohl sich das Nein anhört, als sei er sehr unsicher. Ich bewege ihn dazu, die Tür wenigstens einmal ganz kurz zu öffnen und hinein zu sehen. Er bestätigt, es gehe in einen dunklen Kerker im Keller, und er habe Angst. Aus dem Keller schlägt ihm ein höhnisches Gelächter entgegen.

Einige Türen im Erdgeschoss sind verschlossen, Der Patient 'weiß' auch nicht, was sich dahinter befindet. Schließlich öffnet er die letzte Tür. Dahinter erschließt sich ihm ein großes Wohnzimmer mit einem großen Fenster, einer Couch und gemütlichen Sesseln. Er setzt sich in einen der Sessel und erklärt, dort fühle er sich wohl. Das sei seine 'Quelle der Inneren Kraft'.

In der dritten Stunde geht der Patient wieder zu dem Haus. Beim letzten Mal ist ihm nicht aufgefallen, dass eine große Steintreppe zum Eingang des Hauses führt. Vielleicht hat es sie auch noch nicht gegeben. Die Stufen dieser Treppe sind nass und glitschig und wirken auf ihn nicht einladend. Aber er geht trotzdem hoch und tritt in das Haus ein.

Außer der Toilettentür, der Kellertür und der Wohnzimmertür gibt es noch zwei Türen, die im Gegensatz zum letzten Mal nicht verschlossen sind: Die eine führt in ein Esszimmer mit einem großen Esstisch und mehreren Stühlen, die andere führt in ein Billardzimmer mit einem großen Billardtisch.

Auf meinen Vorschlag hin entschließt sich der Patient, doch die Kellertreppe hinunter zu gehen. Er kommt am Fuße der Treppe in einen flächenmäßig großen Raum, von dem rechts und links je ein Tunnel abgeht. Er entscheidet sich für den rechten Tunnel und geht hinein, weil dieser durch eine Lampe schwach erleuchtet ist. In diesem Tunnel „ist etwas nicht in Ordnung". Nach einer Weile stellt er fest, es befinden sich mehrere kleine Kinder in dem Tunnel.

„Die harren da aus. – Die sind dort gefangen."

Die Kinder haben rußgeschwärzte Gesichter, „weil sie nicht erkannt werden sollen."

Sie bedrängen den Patienten geradezu, er soll sie befreien. Er führt sie aus dem Tunnel heraus, die Kellertreppe hoch und aus dem Hauseingang hinaus. Als er wieder in den Tunnel kommt, stellt er fest:

„Jetzt ist alles in Ordnung!"

Er geht in den linken Tunnel. Dort befällt ihn eine diffuse Angst. Seine Stimme hallt in dem Tunnel ungewöhnlich nach. Es ist unangenehm kalt. Es riecht modrig. Von weit her hört er ein hallendes, höhnisches Gelächter. Er ruft in den Tunnel hinein:

„Ist da jemand?"

Er hört ein dumpfes „Ja!". Er geht in die Richtung, aus der das Ja gekommen ist. Dort trifft er auf einen 1,30 Meter großen Zwerg. Der ist wütend und macht dem Patienten Vorwürfe, dass er die Kinder hat gehen lassen, denn die Kinder sollten für ihn den Tunnel zu Ende bauen. Das sei sein Auftrag, und den habe er von einem ʼbösen Ungeheuerʼ bekommen, welches ihn beherrsche. Der Zwerg will den Patienten aber nicht zu dem Ungeheuer führen.

Nach einer Weile des Krafttankens im Wohnzimmer ist die Zeit um.

In der vierten Stunde begibt sich der Patient wieder in den linken Tunnel zu dem Zwerg. Dieser sagt ihm, er wolle ihm bei seiner Suche nach der Ursache seiner Symptomatik behilflich sein, wenn der Patient ihm auch behilflich sei, dass er sich von der Herrschaft des Ungeheuers befreien könne. Der Deal wird per Handschlag besiegelt. Der Zwerg rät dem Patienten, er müsse in der Zeit bis zu seiner Geburt suchen.

Ich suggeriere ihm, auf der Zeitlinie bis zum Beginn der Schwangerschaft zurück zu gehen und dann Monat für Monat vorwärts zu gehen bis zur Geburt. Dabei kommt folgendes heraus:

Kurz nach der Zeugung fühlt sich der Patient wohl und geborgen. Schon nach drei Wochen empfindet er, dass die Mutter unter starkem Stress steht. Er empfindet Angst, die immer größer wird. Vom zweiten Monat an verringert sich die Angst bei dem Patienten. Sie wird abgelöst durch das wachsende Gefühl, nicht erwünscht zu sein. Außerdem empfindet er eine ungewöhnliche Enge. Die Geburt selbst erlebt der Patient als traumatisch. Er bekommt keine Luft. Als er schließlich das Licht der Welt erblickt, muss er reanimiert werden. (Auf Nachfrage erfährt er von seiner Mutter, die Nabelschnur hatte sich um seinen Hals gelegt, und er war blau angelaufen.) Weitere Informationen bekommt er auch auf Nachfrage von seiner Mutter nicht.

Der Patient befragt den Zwerg, ob die Luftnot während der Geburt die gesuchte Ursache der Symptomatik sei. Der Zwerg verneint. Auf die Frage, ob denn zu Beginn der Schwangerschaft etwas Schlimmes passiert sei, welches die Ursache sei, denn schließlich habe der Patient ja erhebliche Angst gehabt und die Mutter habe unter Stress gestanden, antwortet der Zwerg:

„Das musst Du schon selbst herausfinden."

In einem Gespräch nach der Trance frage ich den Patienten, ob er vielleicht seine Mutter danach fragen wolle. Dieser verneint vergleichsweise heftig, so als habe er die Befürchtung, durch eine solche Frage in ein Wespennest zu stechen.

Die fünfte Stunde zeigt zu Anfang den Zwerg, der einen gepflegten Anzug trägt und sich nicht mehr im Tunnel aufhält. Seine Erklärung: Er setzt sich der Abhängigkeit von dem Ungeheuer nicht mehr aus, indem er einfach nicht mehr in den Tunnel geht. Außerdem geht es ihm besser, weil er dem Patienten geholfen hat, auch wenn dieser es noch nicht so richtig einsieht. Er sagt, im Keller gebe es nichts mehr zu tun. Der Patient solle im Garten weitersuchen.

Im Garten 'erfährt' der Patient (woher, weiß er nicht), dass vor ein paar Tagen eine junge Frau im See unter der Eisdecke ertrunken sei. Keiner habe ihr helfen können, obwohl sie lange um Hilfe geschrien habe. Der Patient geht an den See. Es gibt kein Eis dort. Es ist warm. Ich bitte den

Patienten, sich auf den Tod der jungen Frau zu konzentrieren, um heraus zu bekommen, wer diese Frau gewesen ist.

„Ja, jetzt sehe ich diese Frau. Sie hat braune lockige Haare bis an die Schulter und ist modern gekleidet. Sie ist tot."

„Fragen Sie sie trotzdem, wie sie heißt!"

„Sie heißt Vanessa."

„Kennen Sie die junge Dame?"

„Irgendwie habe ich das Gefühl, dass ich sie kenne. Aber gesehen habe ich sie noch nie."

„Fragen Sie sie!"

„Sie sagt, sie sei meine Schwester. – Das kann ja nicht! – Ich *habe* eine Schwester. Die ist fünf Jahre älter als ich. Die lebt, und diese hier ist tot! – Ich habe weiter keine Schwester!"

Der Patient macht eine längere Pause. Dann fährt er fort:

„Sie sagt, sie sei meine Zwillingsschwester."

„Fragen Sie sie, wann sie geboren wurde!"

„Das ist komisch! – Überhaupt nicht! – Sie sagt, sie wurde gar nicht geboren."

„Und wann ist sie gestorben?"

„Vor der Geburt!" – Pause – „Dann habe – hatte ich eine Zwillingsschwester und weiß es nicht? – Unfassbar!"

Der Patient erweckt den Eindruck der Ratlosigkeit.

„Sie könnten vielleicht ihre Mutter danach fragen, die müsste das doch genau wissen!"

„Auf keinen Fall!"

„Wieso?"

„Das geht auf gar keinen Fall! – Meiner Mutter kann ich mit so was nicht kommen! – Das geht einfach nicht!"

„Fragen Sie Ihre Zwillingsschwester, ob ihr Tod etwas mit Ihrer Angst zu tun hat!"

„Sie sagt ja. – Aber was soll das miteinander zu tun haben?"

„Fragen Sie nicht mich, fragen Sie sie!"

„Das hat was damit zu tun, aber was, weiß sie auch nicht."

„Findet Ihre Schwester auch, dass Sie nicht mit Ihrer Mutter darüber sprechen sollten?"

„Ja! – Sie findet, dass meine Mutter dazu viel zu unvernünftig ist. – Aber sie kann mir behilflich sein, um herauszufinden, was da wirklich geschehen ist."

„Hat das etwas mit dem Zwerg zu tun?"

„Ja! – Und auch mit dem Keller. – Mehr kann sie mir im Augenblick nicht sagen."

Der Patient verabschiedet sich von seiner 'toten' Zwillingsschwester und begibt sich ins Wohnzimmer zu seiner Quelle der Inneren Kraft. Dort empfängt ihn der Zwerg. Er ist kein Zwerg mehr, er ist inzwischen bis auf 1,80 m gewachsen und ein gepflegter junger Mann. Ein Gespräch zwischen dem Patienten und ihm ergibt: Der ehemalige Zwerg heißt Peter und ist ein Bruder des Patienten, der auch „vor der Geburt gestorben ist". Er braucht nicht mehr in den Keller zu gehen. Er ist „von dem Fluch befreit". Er bietet an, jetzt könne er seinem Bruder helfen. Der Patient ist verwirrt: Erst eine Zwillingsschwester, und jetzt auch noch einen Bruder!

In der sechsten Stunde empfängt Peter den Patienten im Wohnzimmer. Es stellt sich heraus, dass er Vanessa, seine Schwester, noch nicht kennt. Der Patient macht die beiden miteinander bekannt. Die drei 'wissen' plötzlich, sie müssen noch einmal in den Keller. Dort angekommen 'erfahren' sie, dass sie Kontakt mit dem Ungeheuer aufnehmen müssen, welches Peter in seiner Abhängigkeit hatte. Sie 'erfahren' auch, dass dieses Ungeheuer den Tod Peters auf dem Gewissen hat. Es ist auch für den Tod von Vanessa und die Panikattacken des Patienten verantwortlich. Aber es befindet sich nicht mehr im Keller, sondern in einer Tropfsteinhöhle links vom See. Die drei gehen dort hin, nehmen sich allerdings wegen der Dunkelheit in der Höhle eine Lampe mit. Sobald sie die

Höhle betreten, haben sie mentalen Kontakt mit dem Ungeheuer, sehen es aber nicht. Das Ungeheuer fragt:

„Was wollt Ihr?"

Der Patient fragt:

„Hast Du die Verantwortung für unser Schicksal?"

Das Ungeheuer lacht hämisch:

„Dass Du das noch nicht begriffen hast, was ich zu tun hatte! – Ich hab es nur *getan*. – Die Verantwortung? – Verantwortung habe ich nicht! – Ich hab es *getan*."

Dann ist der Kontakt vorbei. Der Patient sieht Bilder seiner früheren Panikattacken im Schnelldurchlauf an seinem geistigen Auge vorbei ziehen. Dazwischen sieht er immer wieder in ein unheimliches Augenpaar und hört hämisches Gelächter. Er schreit:

„Ich versinke in meinen eigenen Bildern. – Ich will das nicht!"

Ich suggeriere ihm, er sitze mit Peter und Vanessa zusammen im Wohnzimmer. Alle drei tanken von der Quelle der Inneren Kraft des Patienten.

Die siebte Stunde beginnt damit, dass Vanessa, Peter und der Patient im Wohnzimmer sitzen und das Gefühl haben, sie müssen noch einmal in den Keller gehen, um mit dem Ungeheuer Kontakt aufzunehmen. In dem linken Tunnel angekommen, sehen sie das Ungeheuer, eine Art Drachen. Es liegt dort scheinbar unbeteiligt. Aber in seinem Auge läuft ein Film, den die drei sich ansehen:

Der Patient befindet sich als kleiner Junge mit seiner Mutter an einem Sandstrand und merkt, wie er langsam im Sand versinkt. Er schreit nach seiner Mutter, sie solle ihm helfen. Diese allerdings sagt, sie müsse sich selbst helfen, und lässt ihren Sohn quasi im Sand ertrinken.

Szenenwechsel:

Der Patient liegt als Neugeborenes nackt auf einem Handtuch auf einer Wickelkommode. Neben ihm liegt eine lange Stricknadel, vor der er panische Angst hat. Ich bitte ihn, die Stricknadel zu fragen, ob sie ihn verletzt habe. Sie antwortet:

„Dich beinahe."

Der Patient fragt weiter:

„Und wen tatsächlich?"

Die Stricknadel antwortet:

„Vanessa:"

Vanessa bestätigt das und fügt hinzu:

„Zur gleichen Zeit!"

Szenenwechsel:

Der Patient sieht Vater und Mutter zu Hause. Sie warten. Es liegt eine eigenartige Spannung in der Luft.

„Ich fühle, jemand hat etwas gegen mich vor! – Mit einer Nadel! – Es geht etwas Bedrohliches von den beiden aus. – Die warten auf etwas oder auf jemanden."

Ich frage: „Auf wen oder was?"

Keine Antwort!

Stattdessen Szenenwechsel:

„Ich fühle mich ganz schlecht", sagt der Patient. „Irgendjemand hat mir etwas angetan. Ich habe das Gefühl, er will mich nicht haben. – Ich fühle einen Schmerz am Oberschenkel. Aber der Schmerz ist nicht das, was wirklich wehtut, sondern das, was mir angetan wurde. – Und das hängt mit dieser Stricknadel zusammen."

„Ist Vanessa auch da?"

„Ja, die ist irgendwie da. Ich spüre das, aber irgendwie auch nicht. – Die wird auch durch die Stricknadel verletzt, das weiß ich, aber sehen tue ich sie nicht."

„Diskutieren Sie die Situation mit Peter und Vanessa! – Was sagen die dazu?"

„Peter sagt, wir sind auf dem richtigen Weg, wir müssen aber den eigentlichen Kern noch herausarbeiten. Vanessa ist skeptisch."

„Und Sie?"

„Ich weiß überhaupt nichts mehr. – Mir schwirrt der Kopf! – Ich habe keine Ahnung, was das alles soll!"

In der achten Stunde befindet sich der Patient allein mit dem Ungeheuer in dem linken Tunnel, und wieder dient ein Auge des Monsters quasi als Bildschirm für einen Film.

Der Patient sieht sich allein auf dem Wickeltisch liegen. Er empfindet panische Angst vor einer Verletzung mit der Stricknadel. Er hört, wie eine Person kommt, und er fühlt, es handelt sich einerseits um eine vertraute Person, andererseits aber um die, „die ihm das angetan hat". Er sieht Blut, gleichzeitig hat er eine grenzenlose Wut. Aber wer genau diese Person ist, kann er nicht ergründen. Wenn er an Vanessa denkt, spürt er etwas Kaltes und Feuchtes.

„Vanessa ist tot. – Ich habe eine furchtbare Angst, dass mir dasselbe passiert."

Der Patient hört eine ferne Männerstimme:

„Vanessa ist tot! – Vanessa ist tot!"

Und dann ein hämisches Lachen.

Ich bitte den Patienten, in sich hinein zu sehen und den Teil von sich zu finden, der 'das' erlitten hat, was man 'ihm angetan hat'. Er entdeckt diesen Teil als eine schwarze amorphe Masse in der Nähe seines Magens.

Ebenso bitte ich den Patienten, den Teil in sich zu suchen, der 'gut drauf' ist. Das ist eine Halbkugel unterhalb des Herzens. Diesen Teil soll er fragen, ob er behilflich sein will, den anderen Teil zu neutralisieren. Der bejaht.

Wir beginnen mit der Farbe: Die Halbkugel soll die Farbe der amorphen Masse ihrer Farbe, einem hellen, leuchtenden Blau, angleichen. Anschließend soll sich die amorphe Masse zu einer kleinen Kugel formen. Das Ergebnis ist: Die schwarze amorphe Masse hat sich verwandelt zu einer kleinen Kugel mit einer – aus Sicht des Patienten – schönen hellen, leuchtenden, blauen Farbe.

Da die Zeit um ist, deponiert der Patient die Kugel und die Halbkugel bis zur nächsten Stunde an ihren angestammten Plätzen im Körper.

Bevor die Trance beendet wird, rufe ich noch einmal das Bild 'Badezimmer, Wickeltisch, Stricknadel' auf. Der Patient hat deutlich weniger Angst, dafür allerdings einen entsetzlichen Durst. Ich bitte ihn, Vanessa und Peter zu fragen, ob der eingeschlagene Weg, obwohl die Ursache der Panikattacken noch nicht ganz geklärt ist, der richtige ist. Beide antworten mit ja. Ich sichere das Ergebnis durch die folgende Frage ab:

„Ist es notwendig, das, was man Guido (so heißt der Patient) angetan hat, genauer zu explorieren?"

Beide antworten mit nein.

„Ist der große Durst von Guido ein Symbol für sein Defizit, welches in diesem Zusammenhang eine entscheidende Rolle spielt?"

Beide antworten mit ja.

Damit ist das Therapieziel für die nächsten Stunden festgelegt.

Die neunte Stunde beginnt mit dem Bild 'Badezimmer, Wickeltisch, Stricknadel'. Der Patient hat noch eine Restangst. Er 'weiß' plötzlich, dass die Initiative für das, was man 'ihm angetan hat', von einem Mann ausgegangen ist, der ihm sehr nahe steht. Fragen, um heraus zu bekommen, wer dieser Mann ist, bleiben konsequent ohne Antwort.

Ich wende mich wieder den beiden deponierten Teilen zu. Der Teil, der 'das' erlitten hat, hat sich zu einer wunderschön blau glänzenden Billardkugel verändert, die *„leider"* eine sehr harte Oberfläche besitzt.

Der Teil, der gut drauf ist, arbeitet an der Härte der Oberfläche. Er 'umfließt' die Billardkugel, um so die Oberfläche aufzuweichen. Dieser Prozess dauert lange. Deshalb wird er in die Hausaufgabe verlagert.

In der zehnten Stunde berichtet der Patient, Angst- beziehungsweise Panikattacken habe er zwar nicht mehr gehabt. Dafür habe sich jeden Morgen ein flaues Gefühl in der Magengegend eingestellt. Und Appetit habe er kaum noch. Eigentlich gehe es ihm nicht gut.

Ich schlage eine ideomotorische Abfrage vor. Die Fragen bereite ich mit dem Patienten gemeinsam vor. Hier das Ergebnis:

1. Sind das flaue Gefühl und der Mangel an Appetit Symbole für die weniger gewordene Angst? ▶ Ja
2. Ist es nötig, den realen Hintergrund der 'Badezimmer-Wickeltisch-Stricknadel'-Situation zu explorieren? ▶ Nein
3. Bedarf es noch der Aufarbeitung des Symbols 'Durst'"? ▶ Ja
4. Ist die Veränderung der Submodalitäten des Teils, der 'das' erlitten hat, als Therapie ausreichend? ▶ Ja
5. Die Fragen nach der noch nötigen Anzahl der Therapiestunden ergeben: ▶ Mehr als eine und weniger als fünf.

Die Billardkugel in der Nähe des Magens ist wieder 'schwärzer' geworden. Aber das meiste ist noch blau, eine Aufgabe für die nächste Stunde.

Die elfte Stunde:

Der Patient nimmt die Billardkugel aus seinem Körper heraus. Sie ist noch etwas 'schwärzer' geworden und sehr, sehr schwer, so dass er sie kaum tragen kann. Draußen bricht die Kugel auf, und heraus kommen die folgenden Gefühle:

- Angst vor Stress in der Familie
- Trauer, weil das sichere Zuhause (Elternhaus) nicht mehr existent ist
- Angst vor der Zukunft

Diese Gefühle stehen jetzt im Raum. Aber die Billardkugel ist jetzt ganz leicht geworden und wunderschön blau, die Schale ist nicht mehr hart, und die Kugel wird immer kleiner. Als sie so klein ist, dass sie kaum noch zu sehen ist, nimmt der Patient sie wieder in sich hinein und übergibt sie der Obhut des Teils, der gut drauf ist.

Die Szene wechselt: Der Patient befindet sich im Wohnzimmer. Vanessa und Peter sind bei ihm und trösten ihn bezüglich der Gefühle, die noch im Raum stehen. Er sieht, im Wohnzimmer sitzend, Bilder im Fernsehen: Er sieht sich im Kreis seiner Familie. Er braucht einen Moment, bis er versteht, dass seine Familie nicht aus Vater und Mutter besteht, sondern aus einer Frau, die seiner Freundin ähnlich sieht, einem kleinen Sohn und ihm selbst. In dieser Familie fühlt er sich wohl. Angst vor familiärem Stress hat er nicht. Er merkt, wie die Erinnerung an sein Elternhaus ganz langsam in den Hintergrund tritt, und damit auch die Trauer. Sein Zuhause, das wird ihm immer klarer, ist nicht mehr sein Elternhaus, sondern seine neu gegründete Familie.

Ich spreche ihn auf seine Angst vor der Zukunft an, die noch im Raume steht. Zunächst weiß er gar nicht, was ich meine. Ich erinnere ihn an die drei Gefühle, die aus der Billardkugel stammen. Dann sagt er erleichtert: „Ach so! – *Die* Angst meinen Sie! – Die ist längst verschwunden. – Ich dachte, das hätte ich Ihnen schon gesagt. Die Zukunft ist ja jetzt meine eigene Familie!"

Ich bitte ihn, in den Flur zu gehen und die Kellertür zu öffnen, um zu sehen, ob jetzt im Keller alles in Ordnung ist. Er stellt überrascht fest, dass es gar keine Kellertür mehr gibt. Ich erinnere ihn, dass es noch eine Toilettentür gibt, hinter der eine Leiche liegt. Er geht dort hin und öffnet die Tür: Eine blitzsaubere Toilette, keine Leiche! Ich bitte ihn, kurz einmal ins Esszimmer und ins Billardzimmer hinein zu sehen. Nichts Auffälliges. Die Billardkugeln auf dem Billardtisch haben auch nichts mit der früheren Billardkugel in der Gegend seines Magens zu tun. Vorsichtshalber geht er noch einmal nach draußen. Aber auch dort gibt es keinen Weg mehr in den Keller. Auch die Tropfsteinhöhle ist nicht mehr da.

Schließlich begeht er in der zwölften und letzten Stunde noch einmal die gesamte Wiese mit dem Ergebnis: Es ist alles in Ordnung. Nicht einmal der Wall existiert mehr. Vorsichtshalber prüft er noch einmal die Größe des Teils, dem man etwas angetan hat. Der befindet sich nach wie vor in der Obhut des Teils, der gut drauf ist, und seine Größe hat sich nicht verändert. Auf die Frage, ob etwas vergessen worden sei, bekommt der Patient sowohl von Peter als auch von Vanessa ein klares Nein.

Eine letzte ideomotorische Abfrage bestätigt: Die Therapie ist zu Ende.

Das Mädchen mit der Federnphobie

Ein schüchtern wirkendes fünfzehnjähriges Mädchen kommt mit ihrer ausgesprochen resolut, wenn nicht gar aufdringlich wirkenden Mutter in meine Praxis. Das Mädchen sagt nichts, auch wenn sie direkt angesprochen wird. Ihre Mutter ist es, die alle an das Mädchen gerichteten Fragen beantwortet.

Nach Aussage der Mutter hat dieses Mädchen eine Federnallergie, die es zu behandeln gilt. Auf meine Frage, wie sich diese denn bemerkbar mache, antwortet die Mutter ausweichend, das Mädchen könne nicht in einem Federbett schlafen, auch nicht im Winter. Natürlich frage ich weiter, ob sich denn irgendwelche Hauterscheinungen zeigen würden oder ob das Mädchen vielleicht niesen müsse. Wieder sehr schnell, nach meinem Geschmack zu schnell, antwortet die Mutter:

„Ja, so´n bisschen Hautausschlag hat sie wohl auch schon mal gehabt, aber hauptsächlich ist es, dass sie nicht schlafen kann."

Irgendwie erscheint mir die Situation seltsam. Deshalb spreche ich das Mädchen direkt an:

„Sag einmal, Simone, kannst Du nicht einschlafen? Oder wachst Du in der Nacht auf und kannst nicht *wieder* einschlafen? Wie ist das?"

Das Mädchen schaut ängstlich zu seiner Mutter und sagt nichts. Diese antwortet:

„Ja, das gibt es wohl auch mal, nicht, Simone? – Aber ich habe schon alle Federbetten aus ihrem Zimmer raus geschafft. Das kann sie gar nicht haben. Dann will sie gar nicht ins Bett!"

Ich frage erneut das Mädchen:

„Warst Du denn damit schon einmal beim Arzt? – Was hat der denn gesagt, was es ist?"

Blitzschnell antwortet die Mutter:

„Nee, beim Arzt waren wir damit noch nicht. Ich dachte, wir bekommen von Ihnen vielleicht etwas Homöopathisches – wegen der vielen Nebenwirkungen von dieser Chemie, verstehen Sie – und dann ist das weg!"

Ich habe längst gemerkt, es hat so keinen Zweck, die Tochter zu Wort kommen zu lassen. Ich erkläre der Mutter:

„Etwas Homöopathisches kann ich nicht verschreiben, wenn ich überhaupt nicht genau weiß, was Ihrer Tochter fehlt und wo die Ursache dafür liegt; jedes Medikament, welches nur das Symptom und nicht die Ursache behandelt, wirkt nicht mehr, wenn man es abgesetzt hat. Wenn man aber die Ursache kennt, kann man eine Krankheit nicht nur 'behandeln', sondern heilen.

Deshalb schlage ich Ihnen vor, dass ich Ihre Tochter in Trance versetze, damit wir die Ursache heraus bekommen."

Da die Zeit schon ziemlich fortgeschritten ist, stelle ich der Mutter anheim, sich das zu überlegen und dann gegebenenfalls wegen eines neuen Termins anzurufen.

Ich hätte mein ganzes Vermögen, die zehn Euro, verwettet, dass kein Anruf erfolgen würde. – Falsch! Ich hätte verloren.

Zu dem neuen Termin erscheinen wieder Mutter und Tochter. Ich bitte beide herein, erkläre kurz ein paar Details zur Hypnose und bitte dann die Mutter, draußen Platz zu nehmen.

So habe sie sich das aber nicht vorgestellt, dass sie hinausgeschickt würde, reklamiert die Mutter. Sie würde sich sehr für Hypnose interessieren, wie das denn so ginge. Deshalb wolle sie zugucken.

Ich lasse mich auf keinen Kompromiss ein. Ich biete ihr an, ich könne sie gern einmal allein hypnotisieren, wenn sie das denn mal erleben wolle. Aber einen Zugucker bei einer Hypnotherapie gäbe es bei mir nicht, weil das den Erfolg negativ beeinflussen könne. Schweren Herzens lässt sie sich hinaus komplimentieren.

Nun bin ich mit Simone allein und kann vielleicht auf die eine oder ande-re Antwort von ihr hoffen.

„Jetzt erzähl doch mal, Simone, wie macht sich denn Deine Federnaller-gie bemerkbar?" frage ich.

„Wie, bemerkbar?"

„Ich meine, juckt Dir zum Beispiel die Haut oder bekommst Du schlecht Luft beim Atmen oder so etwas?"

„Nein! – Das ist alles in Ordnung."

„Aber Du kannst schlecht schlafen, nicht wahr?"

„Nee, schlafen kann ich ganz gut."

„Aber weshalb bist Du denn hier? – Da muss es doch irgendwelche Prob-leme mit Federn geben!"

„Ja, ich habe Angst vor Federn."

„Angst vor Federn? – Das verstehe ich nicht!"

„Ja, ich ja auch nicht. Aber es wird immer schlimmer."

„Erzähl doch mal ein Beispiel, damit ich mir etwas darunter vorstellen kann!"

„Hm! – Ein Beispiel? – Hm! – Was für ein Beispiel?"

„Also pass mal auf! – Hier (ich greife zu einem kleinen Kissen auf meiner Behandlungsliege) ist ein Kissen. Da sind Federn drin."

„Sind da wirklich Federn drin?"

Die Patientin springt auf mit allen Anzeichen von Panik in Mimik und Körpersprache. Ich beeile mich, Ihr zu versichern, es seien ganz be-stimmt keine Federn in dem Kissen, sondern Kunststoffteilchen. Simone schaut mich skeptisch an. Ich greife zu einer Notlüge:

„In so einer Praxis darf man überhaupt kein Federkissen haben. Da muss doch alles waschbar und sterilisierbar sein. Das weißt Du doch! Wegen der Hygiene!"

Das ist für Simone ein glaubhaftes Argument. Sie nimmt wieder Platz. Immerhin habe ich jetzt eine vage Vorstellung davon, dass es ganz be-stimmt keine Federnallergie ist, sondern vermutlich eine Phobie.

„Simone! Was würde denn passieren, wenn ich jetzt in die Schreibtischschublade greife und eine Feder heraushole und hier auf den Tisch lege?"

„Oh nein! – Bitte nicht! – Dann hätte ich eine furchtbare Angst und würde wahrscheinlich laut schreien."

„Wovor hättest Du Angst?"

„Das weiß ich auch nicht! – Aber ich *hätte* furchtbare Angst."

„Seit wann geht das denn schon so?"

„Das weiß ich auch nicht. Aber schon ziemlich lange. Wann das angefangen hat, weiß ich nicht. Aber in letzter Zeit ist es immer schlimmer geworden. Wenn ich, und das ist vor ein paar Tagen tatsächlich passiert, wenn ich nur eine Taubenfeder auf der Straße liegen sehe, dann überfällt mich schon eine schreckliche Angst. Ich bin blind vor Angst über die Straße gelaufen, um von dieser Feder weg zu kommen. Und dabei wäre ich beinahe überfahren worden. Und dann bin ich ganz schnell nach Hause gelaufen und habe in meinem Zimmer Musik gehört. Nach 'ner halben Stunde oder so ging es dann wieder."

Das reicht mir erst einmal als Anamnese. Mir ist völlig klar, eine Allergie ist das ganz bestimmt nicht, sondern eine handfeste Federn*phobie*. In diesem Zusammenhang erscheint mir im Nachhinein das Verhalten der Mutter als umso merkwürdiger, als wolle sie etwas vor mir verbergen. – Ich bin gespannt.

Ich versetze die Patientin in Trance und lasse sie eine Wiese imaginieren. Allerdings gibt es auf dieser Wiese nur eine kleine Stelle, auf der die Sonne scheint. Und nur auf dieser Stelle fühlt sich die Patientin wohl. Diese Stelle eignet sich zwar als Anker für ihre Selbsttrance und gleichzeitig als Quelle der Inneren Kraft, aber sie ist nur ein kleiner Fleck von nur wenigen Quadratmetern Größe. Es gibt quasi ein winzig kleines Loch in der ansonsten ziemlich dicken Wolkendecke, und durch das scheint die Sonne. Ringsherum ist es zwar warm, aber düster verhangen, so dass die Patientin nicht weit gucken kann. Lediglich unmittelbar hinter ihr ragt eine steile Felswand empor, an deren Fuß ein Zwerg sitzt, der aussieht wie ein Gartenzwerg. Dieser hat ein freundliches Gesicht und übernimmt die Aufgabe des Inneren Freundes. Da die Patientin es nicht aushält, wenn sie sich von ihrer sonnenbeschienenen Quelle der Inneren Kraft entfernt, hat es auch keinen Sinn, ihr die Erkundung der Wiese als Hausaufgabe zu geben.

In den nächsten drei Therapiestunden passiert nicht viel Neues:

- Der Zwerg zeigt sich als hilfsbereites nettes Kerlchen, das zur Geduld mahnt und mehrere gute Vorschläge zum weiteren Vorgehen macht.
- Am Rande der Quelle der Inneren Kraft steht plötzlich ein dicker Baum mit extrem rauer Rinde, der sich als Quelle der Inneren Weisheit geradezu anbietet.
- In dem Baumstamm befindet sich, wie hinein geschnitzt, ein Gesicht, welches die Patientin keinem ihrer Bekannten oder Verwandten zuordnen kann.
- Die Innere Weisheit mäkelt an den Vorschlägen des Zwergs herum und verhindert so, dass sich die Therapie von der Stelle bewegt.

In der fünften Stunde mache ich eine ideomotorische Abfrage mit dem folgenden Ergebnis:

1. Es gibt ein Erlebnis in der Kindheit, welches Ursache für die Angst vor Federn ist.
2. Dieses hat die Patientin in ihrem fünften Lebensjahr erlebt.
3. Im Alter von acht Jahren ist zum ersten Mal ein Ekel vor Federn aufgetreten, keine Angst.
4. Angst vor Federn, und zwar zunehmend, hat die Patientin erst seit etwa zwei bis drei Jahren.

In den folgenden zwei Stunden (6. und 7. Stunde) sieht die Patientin immer wieder Bilder, die zeigen, wie sie sich zusammen mit ihrer Cousine in einem Hühnerstall befindet und Ekel empfindet. Aber: Immer, wenn es scheint, dass die Bilder mehr Informationen preisgeben wollen, dann verhindert der Baum, also die Innere Weisheit, dass das auch tatsächlich geschieht, indem er die Patientin immer wieder auf eine der nächsten Stunden vertröstet.

Die Patientin empfindet es als schrecklich, dass sich während dieser Zeit die einzige sonnenbeschienene Stelle ihrer Wiese immer mehr durch aufziehende Wolken verdunkelt. Dadurch verliert sie ihre Quelle der Inneren Kraft. Ihr Innerer Freund, der Zwerg, versucht, ihr den auf der Rückseite der Wiese befindlichen Felsen als Quelle der Inneren Kraft einzurichten. Das gelingt aber nur bedingt und nicht voll zufriedenstellend. Wieder ist eine ideomotorische Abfrage angesagt. Diese findet in der achten Stunde mit dem folgenden Ergebnis statt:

1. Es gibt zwei Männer, die mit der Phobie der Patientin zu tun haben.
2. Einer dieser Männer ist ein Familienmitglied, der andere nicht.
3. Auch den anderen Mann kennt die Patientin, und zwar schon im Alter von fünf Jahren.
4. Die Patientin mag diesen Mann nicht.
5. Der Baum ist als Innere Weisheit unbrauchbar, weil er einen Therapiefortschritt systematisch verhindert.

Die Patientin sieht Bilder der beiden Männer: Den Mann, der ein Familienmitglied ist, kann sie nicht erkennen. Der andere Mann trägt eine Kappe. Das Gesicht kommt ihr bekannt vor, aber sie kann es nicht identifizieren.

In der neunten Stunde möchte die Patientin unbedingt wissen, was die beiden Männer mit dem die Angst auslösenden Ereignis zu tun haben. Der Baum bestätigt ungefragt, *dass* die beiden Männer etwas damit zu tun haben, sagt aber nicht, was. Danach verschwindet der Baum. Dann schildert die Patientin eine Art Flash-back: Sie sieht sich als kleines Mädchen im Hühnerstall stehen, während ein großer Mann ihr 'im Nacken' steht. Sie fühlt sich außerordentlich unwohl dabei und weint. Dann ist das Bild verschwunden.

Bei einer ideomotorischen Abfrage kommt heraus, dass alle Männer der Familie (Onkels, beide Opas und der Vater) „etwas von den Ereignissen im Hühnerstall wissen".

In der zehnten Stunde ist „alles schwarz". Die Patientin hat das Gefühl, sie sei von einem riesig großen Tuch von schwarzem Leinen eingeengt. Sie habe keinen Platz. Sie ruft ihren Zwerg. Es stellt sich heraus, dass sich dieser hinter dem schwarzen Tuch befindet. Sie schneidet ein Loch in das schwarze Tuch, und siehe da, dadurch kann sie auf ihre Wiese sehen, ihre Wiese mit Baum und Zwerg.

Ich bitte die Patientin, den Baum zu fragen, ob er ihr helfen will. Dieser gibt eine Antwort, die vom Wortlaut her wohl ja heißt, aber vom Tonfall her nein. Ganz im Gegensatz zu dem Zwerg. Der gibt ihr klar zu verstehen, dass er auf ihrer Seite steht und ihr helfen will. Er ist auch bereit, übergangsweise die Rolle der Inneren Weisheit mit zu übernehmen. Auf Befragung erklärt er, er habe das schwarze Tuch dort installiert, damit die Patientin vom Baum fern gehalten werden soll.

Der Zwerg sagt zu, Bilder zu schicken, mit denen ʼin kleinen Schrittenʼ weiter gearbeitet werden kann.

„Bitten Sie ihren Zwerg, er soll uns Bilder schicken, die das Ereignis im Hühnerstall betreffen."

„Ja, jetzt bin ich wieder in dem Raum. Ich glaube, es ist ein Hühnerstall. – Ja, es ist ein Hühnerstall. – Ich bin ein kleines Mädchen, ungefähr fünf Jahre alt. – Hinter mir steht ein großer Mann. – Ich habe Angst. Da sind noch andere Männer."

„Können Sie den Mann hinter Ihnen und die anderen Männer erkennen?"

„Nein!"

„Sie können sich umdrehen und ihn ansehen!"

„Nein, das kann ich nicht. Er hält mich fest. Ich kann mich nicht bewegen."

„Wie hält er Sie fest?"

„Er hat beide Arme um meine Brust geschlungen. Ich kann mich nicht umdrehen."

„Nehmen Sie einen Spiegel zur Hand. Dann können Sie ihn sich ansehen, und die anderen Männer auch. – Können Sie ihn erkennen?"

„Ja! – Es ist ein erwachsener Mann. Ich kann nur den Kopf und den Oberkörper sehen. Aber hinter ihm ist es ganz hell, wie von einem Scheinwerfer, so dass ich sein Gesicht nicht sehen kann."

„Und die anderen Männer?"

„Die kann ich im Augenblick nicht mehr sehen. – Sind die weg? – Ich weiß es nicht."

„Sind da auch Hühner im Stall?

„Ja! – Und überall fliegen Federn rum! – Die kitzeln mir in der Nase. – Und ich muss immer husten, wenn ich so eine Feder beim Atmen in den Rachen bekomme. – Und eklig ist das auch."

„Dann gehen Sie doch einfach aus dem Stall raus!"

„Das geht doch nicht! – Der Mann hält mich doch fest. – Und er tut mir weh!"

„Was haben Sie denn an? – Beschreiben Sie mal Ihre Kleidung!"

„Ich habe ein T-Shirt an."

„Und weiter?"

„Und weiter? – Was denn noch?"

„Ja, *was* denn noch? – Was haben Sie außer dem T-Shirt an?"

„Das weiß ich doch nicht."

„Das wissen Sie nicht? – Man weiß doch, was man an hat! – Vielleicht ein Kleid oder eine Jeanshose, Schuhe, und so weiter."

„Das weiß ich eben nicht! – Ich kann nur meinen Oberkörper sehen", reagiert die Patientin sehr ungehalten.

„Dann sehen Sie doch mal nach unten!"

„Das geht doch nicht. Ich kann mich nur bis zum Bauch sehen. Und da habe ich ein T-Shirt an!"

„Und was hat der Mann hinter Ihnen an?"

„Den sehe ich doch auch nur bis zum Bauch. Weiter kann ich nicht sehen! Der hat auch ein Hemd an. – Er tut mir weh!"

„Wo tut er Ihnen weh? – Am Oberkörper?"

„Nein, nicht am Oberkörper!"

„Wo denn?"

„Nicht am Oberkörper!"

„Wenn nicht am Oberkörper, wo tut er Ihnen dann weh?"

„Da unten!"

„Wo ´da unten´?"

„Na, eben *da unten*! – Ich schäme mich!"

Die Patientin weint eine ganze Weile. Dann holt sie sich den Rat vom Zwerg, es sei für heute genug. Sie geht zurück auf ihre Wiese. Die Sonne scheint. Sie kann sich wohlfühlen.

Die elfte Stunde beginnt mit der Wiederaufnahme der anfänglich kurzen Anamnese. Ich befrage Simone nach ihren Lebensumständen. Dabei erfahre ich, dass die Eltern seit einigen Jahren geschieden sind. Beide Eltern arbeiten und haben sich ihre Jobs so eingerichtet, dass die Patientin immer abwechselnd eine Woche bei ihrer Mutter und eine Woche bei ihrem Vater lebt. Auf die Frage, wie sie denn mit ihren Eltern auskomme, kritisiert sie das Verhalten ihrer Mutter scharf. Dagegen fühlt sie sich bei ihrem Vater wesentlich wohler. Eine Begründung dafür gibt sie auch auf Nachfrage nicht. Im Gegenteil: Sie blockt weitere Fragen nach ihrem Verhältnis zu ihrem Vater ungehalten ab.

Auf meine Bitte hin begibt sich die Patientin auf ihre Wiese. Sie ist überrascht: Die Wiese ist gemäht, und sie ist traurig, dass es jetzt keine Blumen mehr auf der Wiese gibt. Der Zwerg entschuldigt sich, er habe davon nichts mitbekommen. Er habe geschlafen. Aber er wolle jetzt eine neue Innere Weisheit suchen, denn der Baum sei ja unbrauchbar geworden. Der Baum trägt wieder ein Gesicht. Dieses verzieht sich zu einer bedrohlichen Grimasse. Er will nicht, dass der Zwerg eine neue innere Weisheit sucht. Die Patientin und der Zwerg diskutieren, ob es nicht

besser ist, den Baum zu fällen. Das findet die Patientin einerseits gut. Andererseits hat sie Bedenken:
„Der Baum hat doch ein Leben! – Er ist ja auch ein Teil von meinem Inneren!"

Der Zwerg bekommt schließlich doch das Einverständnis von der Patientin, dass er den Baum fällen darf. Aber er schafft es nicht allein. Schließlich hilft die Patientin entgegen ihren Bedenken. Beide zusammen schaffen es, der Baum ist gefällt.

Der Zwerg sagt, jetzt, wo es den Baum nicht mehr gebe, könne er viel leichter Bilder schicken, und das Problem lasse sich viel leichter lösen.

Wie wenn ein Schalter betätigt worden wäre, sieht sich die Patientin „in der Situation". Wohl bemerkt: Sie *befindet sich* nicht, sondern sie *sieht sich* in der Situation. Sie beobachtet diese Situation quasi von außerhalb. Eine von selbst eingetretene Dissoziation! Ich hoffe, dass es so gelingt, die Situation nicht nur teilweise zu beschreiben, den Mann und möglicherweise andere Männer zu erkennen und die Art des 'Wehtuns' genauer zu beschreiben. Meine Hoffnung wird jedoch nicht erfüllt. Alle Personen der Szene sind deutlich als Oberkörper zu erkennen. Die Gesichter sind „wie im Fernsehen" unkenntlich gemacht, und die Unterkörper verschwinden im Dunkel. Auch das Leuchten mit einer Taschenlampe hat keinen Erfolg. Schaltet die Patientin einen Zoom ein, um die Gesichter heran zu holen, werden die Gesichter nicht nur unkenntlich gemacht, sondern die Personen haben überhaupt keine Gesichter mehr, man kann einfach durch ihren Kopf hindurchsehen. Die Patientin sieht sich mit einem T-Shirt bekleidet mit dem Oberkörper vorn über gebeugt auf einem mit Kot und Federresten bedeckten Tisch liegen. Sie ekelt sich. Hinter ihr steht ein Mann, von dem sie nach wie vor nur den Oberkörper sieht. Sie 'weiß', dass der Mann ihr „da unten" Schmerzen zufügt. Aber sie will nichts fühlen, und sie fühlt folglich auch nichts. Sie sieht noch andere Männer, die sich ebenfalls in dem Hühnerstall aufhalten. Wie viele es sind und wer sie sind, kann sie aber nicht erkennen. Der Zwerg sagt ihr:

„Du kannst es *noch* nicht sehen. Aber Du bist auf dem richtigen Weg."

Nachdem die Patientin sich nach einer angemessenen Erholungsphase auf der Wiese aus der Trance geholt hat, spreche ich mit ihr. Sie kann sich diese Situation nach ihrer eigenen Aussage überhaupt nicht erklären, und sie hat keine Ahnung, was der hinter ihr stehende Mann ihr angetan haben könnte und wer er sein könnte. Gleichwohl äußert sie, sie habe große Angst davor, „die Lösung dieses Rätsels zu erfahren".

Drei Tage nach dieser Sitzung spricht die Mutter von Simone auf den Praxis-AB: Sie breche die Therapie ihrer Tochter ab. Auf meinen Rückruf reagiert die Mutter sehr patzig. Eine Begründung bleibt sie schuldig.

Die Akne, die keine echte Akne ist

Ich sitze im Zahnarztstuhl. Mein Zahnarzt eröffnet mir, dass er einen Behandlungstermin in meiner Praxis für seine Schwägerin machen soll.

Nun habe ich außerordentlich schlechte Erfahrungen damit gemacht, wenn die Person X für die Person Y einen Behandlungstermin verabredet. Häufig geschieht das quasi über den Kopf von Y hinweg. Y fühlt sich überrumpelt und kommt entweder überhaupt nicht, oder er kommt bereits mit Vorbehalten, die die Therapie keineswegs positiv beeinflussen. Auf jeden Fall hat er die Möglichkeit, sich aus der Verantwortung zu stehlen und die Schuld dafür, dass möglicherweise etwas nicht nach seiner Vorstellung verläuft, zu externalisieren.

Um dem allen vorzubeugen, bestehe ich darauf, dass die Patienten, sofern sie denn volljährig sind, ihre Termine selbst mit mir machen.

Als ich aus dem Zahnarztstuhl klettere und wieder frei über die Benutzung meines Mundes verfügen kann, sage ich das meinem Zahnarzt. Er verspricht, das seiner Schwägerin zu übermitteln.

Nach ein paar Tagen ruft mich die Schwägerin an. Wir verabreden einen Termin.

Es handelt sich um eine siebenundzwanzigjährige, offen argumentierende, junge Frau, die einen intelligenten Eindruck auf mich macht. Sie klagt über Akne, Akne fast überall am Körper, aber nicht im Gesicht.

Ich lasse mir einige Körperstellen zeigen, die zugänglich sind, ohne dass sich die Patientin entkleiden muss. Dann frage ich die Patientin, nennen wir sie Heike Janssen, seit wann sie diese Hauterscheinungen habe. Ich erfahre, dass es zunächst mit wenigen kleinen Stellen angefangen hat, als sie etwa sechzehn oder siebzehn Jahre alt war. Damals sei ihre Mutter mit ihr zum Hautarzt gegangen. Dieser habe ihr eine Salbe verschrieben. Danach sei die Akne weg gewesen. Aber nach einiger Zeit sei sie wieder gekommen. Und dieses Wechselspiel habe sie des Öfteren durchgemacht. Und jedes Mal seien die Stellen mit der Hauterscheinung hinsichtlich der Anzahl und der Ausdehnung größer geworden. Und jetzt habe sie die Nase voll, jetzt müsse etwas Nachhaltiges geschehen.

Ich frage sie, was denn Besonderes vor etwa zehn bis zwölf Jahren, als die Beschwerden mit der Akne angefangen hätten, passiert sei. Darauf weiß die Patientin so recht keine Antwort. Es habe in der Zeit zwar öfter Streit mit den Eltern gegeben, besonders mit ihrem Vater. Aber das habe dann ja mit achtzehn Jahren ein Ende gehabt. Sie sei mit achtzehn Jahren zu Hause ausgezogen. Und da habe ihr Vater sich auf den Kopf stellen können, sie habe trotzdem das gemacht, was sie für richtig gehalten habe.

Ich habe den Verdacht, dass es sich bei den Hauterscheinungen nicht um eine normale Akne handelt, die mit einer Salbe behandelt werden kann, sondern dass das eine psychosomatische Erscheinung ist, die ich mit Hypnose behandeln kann.

Die Patientin schaut mich zweifelnd an, überlegt einen Augenblick und sagt dann:

„Ich habe keine Ahnung, wie und vor allen Dingen warum das mit Hypnose gehen soll. Aber ich habe die Faxen sowas von dicke, dass es mir egal ist, wie Sie das behandeln und ob das eine normale Akne ist oder nicht. Hauptsache, Sie bekommen die Akne weg!"

Ich erzähle der Patientin etwas darüber, wie und warum Hypnose funktioniert und korrigiere dann ihre Ansicht, indem ich sage:

„Ich habe keine Chance, die Akne weg zu bekommen. Der einzige Mensch, der eine Chance besitzt, sind Sie, Sie ganz allein!"

Ich kann der Patientin ihre Verblüffung ansehen. Sie sagt:

„Da bin ich aber gespannt! Dann mal los!"

Sie lässt sich einfach und gut in eine Arbeitstrance versetzen, so dass es mir bereits in der ersten Stunde gelingt, einen Anker zur Induktion einer Selbsttrance zu setzen. Ich gebe ihr die Hausaufgabe, sich jeden Tag mindestens einmal in Trance zu versetzen und eine Wiese zu imaginieren, auf der sie spazieren geht.

In der zweiten Stunde erzählt die Patientin, es sei ihr immer gelungen, eine Wiese zu imaginieren. Und sie sei dort auch spazieren gegangen. Allerdings nicht sehr weit. Dann sei es ihr unheimlich geworden, weil sich ihr drei riesengroße pechschwarze Kreuze in den Weg gestellt hätten. Ich frage sie:

„Wieso haben die sich Ihnen in den Weg gestellt?"

„Ja, ich habe die dort nicht hingestellt! Die standen da plötzlich so rum!"

Dabei zeigt sie Anzeichen von Aufregung.

Ich bitte sie, sich in Trance zu versetzen, damit wir die Sache gemeinsam untersuchen können. Auf der Wiese angekommen, zeigt sich wieder diese Aufregung, als sie sagt:

„Da sind sie wieder, riesengroß und schwarz!"

„Machen Ihnen die Kreuze Angst?"

„Nein! – Angst nicht direkt! Die sind mir unheimlich und wirken auf mich bedrohlich."

„Wie weit sind Sie von den Kreuzen entfernt?"

„Mindestens zwanzig Meter! – Je dichter ich rangehe, desto unwohler wird mir. Dichter will ich da nicht ran!"

Ich frage die Patientin nach ihrer Lieblingsfarbe. Sie antwortet:

„Gelb!"

Ich erkläre ihr, dass Sie die Farbe der Kreuze in Richtung 'gelb' dadurch verändern könne, dass sie sich ganz stark darauf konzentriere, und ich fordere sie auf, das zu tun. Nach einer Weile frage ich sie:

„Was ist jetzt?"

„Ja, das Schwarz ist nicht mehr so tief. Es verändert sich langsam, es wird etwas heller."

„Ich weiß nicht, ob es oben links oder oben rechts anfängt, sich langsam in Richtung ′gelb′ zu verändern. Sagen Sie es mir?"

Die Patientin zieht die Stirn kraus, als koste es sie eine geistige Anstrengung. Dann sagt sie:

„Ja! – ganz oben rechts in der Ecke fängt das rechte Kreuz jetzt an, sich zu verfärben. Es wird heller. Aber ob das gelb wird?"

„Konzentrieren Sie sich! Ich bin guter Hoffnung!"

Die Patientin zieht die Stirn kraus und schürzt die Lippen. Nach einer ganzen Weile sagt sie:

„Das rechte Kreuz ist fast richtig gelb. Das mittlere hat mehr so eine beige Farbe. Das linke Kreuz wird nicht heller. Das ist immer noch ziemlich dunkel, ich würde mal sagen, dunkelbraun."

„Na, das ist ja ein Erfolg! – Jetzt sehen die nicht mehr so unheimlich aus, nicht wahr?" sage ich.

„Ja, das stimmt!" sagt sie, und ihre in Falten gelegte Stirn glättet sich.

Ich bitte sie, doch jetzt einmal dichter an die Kreuze heran zu gehen, sie vielleicht sogar mal von ganz nah zu betrachten.

„Okay! – Ich gehe jetzt mal langsam dichter ran. Ganz wohl ist mir dabei nicht."

Ich frage sie, warum. Schließlich seien sie ja nicht mehr schwarz und bedrohlich!

„Naja, ich weiß aber, dass sie schwarz und bedrohlich *waren*!" sagt die Patientin. „Aber ich will mal mutig sein. Jetzt bin ich so acht bis zehn Meter dicht dran. So richtig wohl ich mir nicht in meiner Haut!"

„Ich schlage vor, sie gehen so dicht heran, dass Sie es gerade noch aushalten können. Nicht weiter! Dann bleiben Sie da stehen und konzentrieren sich wieder darauf, dass sich die Farbe weiter in Richtung ′gelb′ ändert."

Die Patientin schafft es, die Farben der Kreuze weiter aufzuhellen und sich den Kreuzen bis auf etwa vier Meter zu nähern. Dann möchte sie nicht weiter gehen. Sie geht auf die Einstiegsstelle der Wiese zurück, wo sie sich wohl fühlt. Dann zählt sie sich aus der Trance heraus. Als Hausaufgabe bekommt sie, sie soll sich täglich einmal den Kreuzen so weit wie möglich nähern, möglichst so weit, dass sie sie anfassen kann. Auf jeden Fall soll sie daran arbeiten, dass möglichst alle drei Kreuze gelb sind. Vor allen Dingen soll sie sich jede Veränderung auf der Wiese notieren und mir diese bei unserer nächsten Sitzung sagen.

In der nächsten Sitzung geht die Patientin bis auf zwei Meter an die Kreuze heran. Sie hat offenbar fleißig geübt. Sie berichtet, dass das rechte und das mittlere Kreuz richtig gelb seien, während das linke Kreuz einen Beigeton habe.
„Das bekomme ich beim besten Willen nicht gelb!"
„Und wie steht es mit der Bedrohlichkeit der Kreuze?" will ich wissen.
„Ja, so ganz geheuer sind die mir immer noch nicht. Aber es ist schon besser geworden."
„Dann gehen Sie doch ganz dicht heran. Vielleicht fassen Sie das rechte Kreuz mal an?"
Die Patientin geht ganz dicht an die Kreuze heran. Sie steht direkt vor ihnen. Dann sagt sie mit einer deutlichen Panik in der Stimme:
„An dem mittleren Kreuz hängt ein Schild."
„Was für ein Schild?"
„Ein Namensschild!"
„Können Sie den Namen entziffern? – Schauen Sie ganz genau hin!"
Die Patientin fängt an zu weinen. Dann sagt sie schluchzend:
„Da steht der Name meines Vaters drauf. – Aber der ist ja gar nicht tot!"
„Wie kommt denn sein Name auf das Kreuz, wenn er noch lebt?"
„Das ist es ja! Das weiß ich auch nicht."
„Fragen Sie das mittlere Kreuz. Das weiß eine Antwort."
Eine Weile vergeht, in der die Mimik der Patientin signalisiert, dass sie Schwerstarbeit verrichtet. Dann sagt sie:

„Das Kreuz sagt, den hätte ich selbst da drauf geschrieben. – Und die Kreuze hätte ich selbst aufgebaut."

Der letzte Satz geht fast in einem Weinkrampf unter.

Behutsam führe ich die Patientin wieder von den Kreuzen weg. Dabei lässt die Intensität des Weinens zwar nach, aber stoppen lässt es sich nicht. Ich entschließe mich, die Patientin aus der Trance heraus zu holen. Sie braucht einige Zeit, sich von dem Erlebten zu erholen. Dann sagt sie kleinlaut:

„Sie halten mich jetzt wohl für ein vatermordendes Monster, was?"

Ich lächele sie an und antworte:

„Ich halte Sie für eine siebenundzwanzig jährige, junge, attraktive Frau, die am Ende ihrer Pubertät einen handfesten Konflikt mit ihrem Vater gehabt hat, den sie bis heute noch nicht überwunden hat. – Und was in dem virtuellen Raum der Trance passiert, gibt Ihnen und auch mir symbolisch darüber Auskunft."

„Ja, das scheint so zu sein. Ich habe meinen Vater des Öfteren zum Teufel gewünscht wegen seiner vorsintflutlichen Erziehungsmethoden. Wahrscheinlich habe ich ihm sogar den Tod gewünscht, das kann schon sein. Auf alle Fälle habe ich drei Kreuze gemacht, als ich ihm endlich den Rücken gekehrt habe und ausgezogen bin. Jawohl, drei Kreuze! Und das sind wahrscheinlich die drei Kreuze, mit denen ich in Trance konfrontiert worden bin. Meinen Sie das mit dem Begriff ´symbolisch´?"

„Was *i c h* meine, ist absolut uninteressant. – Was meinen Sie?"

„Ja, ich denke, das kommt der Realität recht nahe. Ich habe in den letzten zehn Jahren keine fünf Sätze mit meinem Vater gesprochen. Der war für mich gestorben. Besucht habe ich nur meine Mutter, wenn mein Vater nicht zu Hause war."

Einen Augenblick hängt jeder von uns beiden seinen Gedanken nach. Dann sage ich:

„Ihre Interpretation der Symbolik klingt für mich sehr plausibel. – Wie erklären Sie denn das Phänomen der Bedrohlichkeit der drei Kreuze und die Tatsache, dass sie die Bedrohlichkeit der drei Kreuze verringert haben, indem Sie ihnen eine andere Farbe gegeben haben?"

„Ja, wie erkläre ich das? – Die drei Kreuze stehen ja für den Konflikt und dass ich mich diesem Konflikt entzogen habe, indem ich abgehauen bin. – Ja, das gibt Sinn! – Und dass die drei Kreuze nach fast zehn Jahren immer noch bedrohlich für mich sind, bedeutet wohl, dass ich den Konflikt noch nicht wirklich überwunden habe. Ja, vermutlich stimmt das, dass ich ihn nur aus meinem Leben verdrängt habe. – Ja, und dann dieser Farbwechsel! Was sagt mir der? – Zunächst einmal bin *ich* es, die die Farbe verändert hat, und es ist *meine* Lieblingsfarbe. Und schließlich hat sich die Bedrohlichkeit ja *für mich* verändert! – Ja, vielleicht sollte *ich* mich langsam mal aufraffen, diejenige zu sein, die dem Konflikt mal eine andere Farbe gibt, die dem Konflikt endlich die Brisanz nimmt, na, die ihn eben einfach beendet. Was meinen Sie?"

Ich sehe die Patientin lächelnd an und sage:

„Ich bewundere Sie wegen Ihrer Fähigkeit, Symbole zu entschlüsseln. Kompliment! So könnte die Bedeutung der Symbolik sein! – Ich sage ´könnte´! Wirklich wissen tut es nur Ihr Unbewusstes. *Sie* werden es auch wissen, wenn Sie es wohlwollend aus der Verdrängung holen und anpacken. Und bedenken Sie dabei: Die Veränderung der Farbe ist auch nicht leicht gewesen beziehungsweise nicht sofort gelungen. Es hat dabei auch Verzögerungen, vielleicht sogar leichte Rückschläge gegeben. Aber dadurch, dass Sie nicht aufgegeben haben und es immer wieder versucht haben, haben Sie es geschafft. – Ich denke, Sie haben eine Menge zu tun, und Sie haben jetzt keine Zeit für einen Therapietermin. Der nächste Termin liegt also in genau *vier* Wochen zur selben Zeit!"

***

Heike Janssen sitzt mir nach vier Wochen gegenüber und lächelt. Dann wischt sie sich mit einer symbolischen Geste den vermeintlichen Schweiß von der Stirn und sagt:

„Ein hartes Stück Arbeit liegt hinter mir, das können Sie mir glauben. Aber war es erfolgreich? – Ich bin mir nicht sicher."

„Ich schlage vor, wir begeben uns zu den drei Kreuzen und schauen nach, was sich getan hat."

Die Patientin berichtet nicht ohne Entsetzen in der Stimme:

„Die Farbe der Kreuze hat sich zwar nicht verändert. Sie sind immer noch beige bis gelb. Aber vor dem mittleren Kreuz befindet sich eine Grube, die sieht aus wie ein Grab. Gruselig!"

„Bedrohlich?"

„Nein! Nicht bedrohlich! Einfach nur gruselig!"

„Steht noch der Name Ihres Vaters an dem mittleren Kreuz?"

„Ja!"

„Wie tief ist das Grab?"

„Das kann ich nicht erkennen. Dazu bin ich zu weit weg."

„Gehen Sie doch näher ran, damit Sie hinein sehen können!"

„Um Gottes Willen! Da liegt jemand drin! – Ich kann nicht erkennen, wer das ist."

„Was vermuten Sie?"

„Wenn das wirklich mein Vater ist, dann habe ich ihn getötet! – Das ist ja schrecklich!"

„Fragen Sie das Kreuz! Das Kreuz weiß, wer unter ihm im Grab liegt."

Die Patientin weint leise vor sich hin. Dann sagt sie:

„Das Kreuz sagt, es sei mein Vater, wie ich ihn als Jugendliche kennen gelernt habe."

„Fragen Sie das Kreuz, ob *Sie* diesen Teil Ihres Vaters umgebracht haben!"

„Das Kreuz sagt: Nicht ich habe ihn umgebracht, er hat sich von seiner rauen Schale getrennt."

„Okay! Das ist der eine Teil Ihres Vaters! Und wo ist der andere?"

„Das Kreuz weiß es nicht!" sagt die Patientin.

„Was glauben Sie?"

„Ich bin davon überzeugt, dass ich mich mit dem anderen Teil die letzten vier Wochen auseinander gesetzt habe."

„Das hört sich gut an!" sage ich. „Dann können Sie ja das Grab zuschaufeln, nicht wahr?"

Die Patientin schaufelt das Grab zu, in dem die raue Schale ihres Vaters liegt, und holt sich dann aus der Trance heraus.

Zum Schluss der Sitzung machen wir noch eine ideomotorische Abfrage mit dem folgenden Ergebnis:

Wie viele Stunden brauchen wir noch bis zum Ende der Therapie?

▸ keine.

Das Ergebnis ist für uns beide überraschend, denn die 'Akne', derentwegen die Patientin ja zu mir gekommen ist, steht noch in voller Blüte.

Ich schlage der Patientin vor, die Therapie hier zumindest zu unterbrechen und mal abzuwarten, was in nächster Zeit mit der Akne passiert. Und wenn sich in acht Wochen nichts getan hat, soll sie sich wieder bei mir einfinden.

Nach etwa sechs Wochen sitze ich wieder bei meinem Zahnarzt im Stuhl. Und während er meinen Mund mit Zellstoffröllchen ausstopft, sagt er unvermittelt:

„Ach, übrigens: Ich soll Dich von meiner Schwägerin grüßen. Die Akne ist weg. Und die drei Kreuze gibt es auch nicht mehr auf ihrer Wiese."

Ich hasse es, wenn der Zahnarzt immer dann etwas Brisantes sagt, wenn er meinen Mund ausgestopft hat, so dass ich nicht reden kann!

Aber so sind Zahnärzte nun einmal!

„Vaterliebe"

Manuela Niebuhr, zweiundvierzig Jahre alt, verheiratet, hat einen vier-
zehnjährigen Sohn, ist für etwa ein Jahr meine Patientin gewesen. Sie
hatte ursprünglich über Schmerzen bei der Penetration beim ehelichen
Koitus geklagt, die zu immer größeren Gefühlen der Abneigung gegenüber ihrem Ehemann geführt hatten und zu nahezu völliger Einbuße der
Libido.

In einer über zwanzig Sitzungen dauernden Therapie hatte sich schließlich herausgestellt, dass dieser Symptomatik ein über Jahre dauernder
sexueller Missbrauch seitens des leiblichen Vaters mit Billigung der Mutter zu Grunde gelegen hat.

Sowohl die Patientin als auch ich als Therapeut waren froh, als wir die
Therapie schließlich erfolgreich beenden konnten.

Ich staune nicht wenig, als sich nach etwa einem halben Jahr ihre fünf
Jahre jüngere Schwester, Daniela Schmidt, bei mir anmeldet. Daniela ist
verheiratet und hat drei Kinder.

Bei der Anamnese erzählt sie mir, sie habe mit ihrer Schwester über die
Therapie ausführlich gesprochen, und sie könne sich nicht vorstellen,
dass sie dabei 'ungeschoren' davon gekommen sei. Allerdings direkt
erinnern könne sie sich an nichts dergleichen. Ich versuche sie zu beruhigen, indem ich ihr erkläre, dass daraus, dass ihr Vater ihre Schwester
missbraucht habe, keineswegs geschlossen werden könne, dass er auch
sie missbraucht habe, und ich frage sie, ob sie denn irgendwelche Symptome habe oder ob es aus ihrer Sicht irgendwelche Indizien gebe. Sie
schaut eine Weile zu Boden. Dann sagt sie so, als brauche sie einigen
Mut, darüber zu sprechen:

„Naja! Es gibt da schon ein paar Dinge, die mir jetzt etwas merkwürdig
vorkommen. Ich meine, jetzt, wo ich mit meiner Schwester offen über

ihre Missbrauchserlebnisse gesprochen habe, habe ich mir schon ein paar Gedanken gemacht."

Ich bitte sie, mir doch einmal einige dieser 'Merkwürdigkeiten' zu erzählen, damit ich mir ein Bild machen kann. Es sind im Wesentlichen zwei Dinge, die mich aufhorchen lassen: Zuerst ist auffällig, dass Daniela einige größere Erinnerungslücken aus ihrer Kindheit und Jugend aufweist. Die zweite Merkwürdigkeit ist, und darüber habe sie sich mit ihrem Mann zu Anfang ihrer Beziehung öfter gestritten: Ihr erster Sohn sei zu einer Zeit geboren, dass er unmöglich von ihrem Mann hätte sein können.

Das zuerst genannte Phänomen kenne ich bereits von anderen Patientinnen, die ein Missbrauchserlebnis hatten: Es fehlen Jahre der Kindheit in ihrer Erinnerung. Deshalb stellt sich bei mir auch in diesem Fall der Verdacht auf einen sexuellen Missbrauch ein, den ich allerdings für mich behalte. Die zweite Sache lasse ich mir genauer erklären:

„Als ich wusste, dass ich schwanger war, haben mein Mann und ich uns dumm und dämlich gerechnet, und wir sind immer wieder auf einen Zeugungstermin gekommen, der zu einer Zeit lag, als ich mit meinem Mann noch keinen Verkehr hatte. Und als das Kind dann geboren wurde, haben wir den Arzt gefragt, der mich entbunden hat, ob das Kind vielleicht ein bis zwei Monate zu früh geboren sei. Aber er hat uns versichert, dass das nicht der Fall sei."

„Und sie meinen, dass das Kind vorher durch Ihren Vater gezeugt worden ist?" frage ich.

„Ja, einen Rechenfehler haben wir ausgeschlossen. Das steht fest. Und ich bin sicher, dass ich mit keinem anderen Mann geschlafen habe. Das weiß ich! Aber, was ich nicht verstehe, auch an eine Zeugung durch meinen Vater müsste ich mich doch erinnern! Oder kann man so etwas aus seiner Erinnerung komplett löschen?"

Diese Frage mag ich weder mit 'ja' noch mit 'nein' beantworten. Deshalb sage ich ausweichend:

„Ihr Unbewusstes weiß die Antwort, ich weiß sie genau so wenig wie Sie. Und wenn *Sie* wollen, können Sie sie herausfinden!"
Entschlossen stampft sie mit dem Fuß auf und sagt:
„Ich will dem Ganzen jetzt auf den Grund gehen. Ich will es wissen! Also! Worauf warten wir?"
Wir verabreden uns zur nächsten Sitzung, denn die Zeit reicht nicht mehr, um sofort zu beginnen.

***

Ich habe im Laufe der Jahre die Erfahrung gemacht, dass es für eine Therapie vorteilhaft ist, wenn der Patient in Trance *seine* Wiese einrichtet, auf der er quasi 'als Zauberer' die sich ihm dort darstellende virtuelle und Angst erzeugende Realität verändern kann. Dazu hat sich auch als vorteilhaft herausgestellt, 'Instanzen' einzurichten, die bei diesen Veränderungen behilflich sind. 'Instanzen', wie zum Beispiel den Inneren Freund, die Quelle der Inneren Kraft oder die Innere Weisheit. Diese 'Instanzen' sind Teile des Unbewussten des Patienten, die bei optimalem Verlauf der Therapie Rede und Antwort stehen und Aufträge des Patienten ausführen.
Daniela Schmidt geht sehr leicht in Trance und imaginiert sehr schnell *ihre* Wiese. Sie beschreibt die Einstiegsstelle ausführlich als ein Stück Wiese mit saftigem Gras und einem Baum, in welchem Vögel zwitschern. Sie fühle sich dort sehr wohl.
Ich nehme das zur Kenntnis und bitte sie:
„Sehen Sie doch einmal nach links! Was ist links von der Wiese?"
Die Patientin macht ein überrschtes Gesicht und schweigt zunächst.
„Was sehen Sie links, wo die Wiese zu Ende ist?" frage ich noch einmal, um sie zum Reden zu ermuntern.
„Das ist wie abgeschnitten!" sagt sie ein wenig ängstlich.
„Das fällt da steil ab!"

„Und wie ist es rechts von der Wiese?"

„Ganz genauso. Das geht da einen tiefen Abgrund hinunter!"

„Ich bin gespannt, was es hinter Ihnen zu sehen gibt. Sagen Sie es mir!"

„Oh Gott! Da fällt es auch ganz steil ab. – Das ist ja komisch!"

„Damit müssen wir uns noch beschäftigen, Frau Schmidt. Jetzt lassen wir das erst einmal so stehen, ja? – Schauen Sie einfach erst einmal nach vorn. Da gibt es ja keinen Abgrund, nicht wahr?"

„Nein!" sagt sie erleichtert. „Da ist eine schöne Wiese."

„Ist da nicht ein Baum, in dem sich Vögel tummeln und zwitschern?"

„Ja, ein schöner Baum!"

„Hätten Sie Lust, einmal zu dem Baum hinüber zu gehen?"

Die Patientin setzt sich in Bewegung, um zu dem Baum zu gehen.

„Um Gottes willen!" ruft sie erschrocken. „Was ist denn nun los? – Das gibt es doch nicht! – Der Baum läuft vor mir weg, und ich laufe ins Leere!"

Ich schlage ihr vor:

„Rufen Sie ihm mit Ihrer inneren Stimme zu, er solle stehen bleiben! – Antwortet er Ihnen?"

Die Patientin erweckt den Anschein, als horche sie auf das Rufen des Baumes.

„Der ruft: 'Komm mir doch nach! Aber auf dem Weg gehen! '"

„Ist denn da ein Weg?"

„Jetzt ja!" sagt die Patientin. „Aber der ist felsig, steinig und uneben. – Der passt überhaupt nicht zu der schönen Wiese!"

„Wollen Sie dem Baum auf dem steinigen Weg folgen?"

„Ja!" sagt sie. „Ich gehe da jetzt hinterher."

Nach einer Weile verändert sich ihr Gesichtsausdruck, als sei etwas Unvorhergesehenes geschehen.

„Was ist jetzt?" frage ich sie.

Sie reagiert ein wenig aufgeregt:

„Ich stehe plötzlich vor einer hohen Felswand! – Wie geht das? – Wo kommt die her?"

„Ich glaube, da ganz links an der Felswand – oder ist es ganz rechts? – Ich weiß es nicht! – Da können Sie hoch klettern, um die Felswand zu erklimmen", sage ich.

„Ja, ich kann da links hochklettern. – Aber –" So etwas wie Panik bestimmt ihre Stimmlage. „Aber – je höher ich klettere, desto höher wird die Felswand! Und die wird auch immer glitschiger!"

„Rufen Sie den Baum zu Hilfe!"

„Der sagt: 'Ich will nicht, dass Du da hochkletterst'!"

„Bitten Sie die Vögel, die sich im Baum tummeln, um Hilfe!"

„Die Vögel helfen mir nicht. Die sind nicht mehr im Baum. Das regt den Baum ganz schön auf, dass die alle über die Felswand hinweg fliegen."

„Vielleicht kann Ihnen Ihr Schutzengel helfen?"

„Ja, vielleicht! – Ich bin jetzt als ganz kleines Mädchen vor der Felswand, und ich will erwachsen werden, um da hoch zu kommen. Ich kann aber nicht da hoch. – Ich gucke jetzt wieder auf die Wiese und bin traurig. Die Löwenzahnblüten lassen alle die Köpfe hängen."

„Wie alt sind Sie?"

„Ich bin drei Jahre alt."

„Und wo sind Sie?"

„Ich stehe vor der Felswand und will da hoch."

„Beschreiben Sie, wie Sie bekleidet sind und wie sie aussehen!"

„Ich bin ein kleines Mädchen mit einem Zopf. Ich habe ein Kleidchen an. – Und neben mir steht eine junge Frau. – Oh Gott! – Das bin ich ja auch! – Nee, das ist meine Schwester Manuela. – Wir wollen es gemeinsam versuchen, die Felswand zu überwinden. Aber das geht nicht. Manuela ist ganz traurig."

„Nehmen Sie Manuela an die Hand und gehen Sie beide zurück auf das Stückchen Wiese, wo Sie ganz zu Anfang waren! Da ist es schön, das Gras ist grün, und die Löwenzahnblüten lassen nicht die Köpfe hängen.

Und da setzen oder legen Sie sich hin und ruhen sich aus. Nehmen Sie sich alle Zeit und erfreuen Sie sich an der Schönheit der Wiese. Und wenn Sie meinen, es sei genug, dann zählen Sie mit Ihrer inneren Stimme rückwärts von fünf bis eins, und wenn Sie bei eins angekommen sind, sind Sie wieder hier und fühlen Sie sich sehr, sehr wohl."

Meine Patientin kommt aus der Trance und fragt:
„Donnerwetter! Das war ja aufregend, diese Felsenkletterei auf einem glitschigen Felsen! – Wie kann man sich bloß so etwas zusammen spinnen?!"
Ich erkläre ihr anhand von Beispielen aus meiner Praxis, dass Hypnotherapie die Kommunikation mit dem Unbewussten bedeutet und dass das Unbewusste in Bildern und Symbolen kommuniziert. Und diese Dinge, die die Patientin in Trance erlebt hat, hätten sicher etwas mit den Dingen zu tun, die wir bearbeiten wollen.
Wir sind beide auf die nächste Sitzung gespannt.

**

Sobald Daniela Schmidt in Trance ist, sagt sie, sie wünsche sich so sehr, dass sie als kleines Mädchen unter dem Baum sitze. Stattdessen sehe sie den Baum überhaupt nicht mehr, sondern die kalte, nackte Felswand mit der Treppe mit den unendlich vielen Stufen nach oben. Sie ist traurig, dass der Weg so weit ist. Nach anfänglicher Weigerung entschließt sie sich als kleines Mädchen aber doch zum Aufstieg. Aber sie kommt nicht oben an, so viele Stufen sie auch erklimmt. Ich schlage ihr vor, sie solle doch fliegen, statt die vielen Stufen hoch zu gehen. Wenn sie sich ganz stark konzentriere, dann könne sie fliegen. Tatsächlich kann sie fliegen, aber auch durch Fliegen erklimmt sie nicht die Höhe der Felswand, weil sie 'etwas' an ihrem Kleidchen herunter zieht.

Sie befindet sich wieder auf ihrer Wiese. Die ist schön grün und saftig, wenn sie dort als kleines Mädchen ist. Sie ist vertrocknet und hässlich, wenn sie dort als junge Frau sitzt.

Ich lasse sie sich als kleines Mädchen an der Wiese erfreuen, bevor sie aus der Trance kommt.

***

Die Patientin begibt sich in der nächsten Sitzung sofort als kleines Mädchen auf ihre Wiese, weil sie traurig werde, wenn sie sehe, wie die schöne Wiese vertrockne. Sie wünscht sich so sehr, dass der Baum ihr Innerer Freund wird, aber der Baum geht jedes Mal weg, wenn sie zu ihm kommt.

Als sie den zweiten Versuch unternimmt, sich dem Baum zu nähern, sieht sie, wie die Wiese vertrocknet, und sie merkt, wie sie ganz langsam zu einer jungen Frau heran wächst. Sie fühlt, wie sich während des Wachstumsprozesses zwei Männerarme von hinten fest um sie herum schlingen und wie die Hände ihre Brüste anfassen. Sie will sich wehren, schafft es aber nicht. Sie schreit. Gerade, als ich sie dissoziieren will, hört sie auf mit dem Schreien. Sie dissoziiert sich selbst, indem sie mir relativ ruhig beschreibt, was passiert:

„Das ist jetzt wie im Kino. – Eine riesige Leinwand. Ich befinde mich im Publikum und sehe den Film, der da abläuft. Ich sehe, wie mich ein Mann von hinten festhält. Er hat mir die Bluse geöffnet und drückt meine nackten Brüste. Ich will das nicht, aber ich kann da nicht weg.“

„Erkennen Sie den Mann?“ frage ich.

„Nein!“

„Wie alt ist er ungefähr?“

„Mittelalter!“

„Was heißt das, Mittelalter?“

„Na, so zwischen 40 und 50.“

„Und wie alt sind Sie?"

„Vielleicht vierzehn, vielleicht auch dreizehn. Aber ich habe schon Brüste."

Plötzlich sagt die Patientin überrascht:

„Ich kenne den Mann, aber ich erkenne ihn nicht!"

„Das verstehe ich jetzt nicht", sage ich etwas verwirrt.

„Naja, ich habe das Gefühl, dass ich den Mann kenne, aber er gibt sich nicht zu erkennen. Ich kann sein Gesicht nicht sehen."

„Vielleicht kann Ihre Mutter Ihnen helfen?"

„Da brauche ich nicht hin zu gehen! – Die weiß ja, was der mit mir macht. Die macht nichts. – Ich habe Angst!"

„Wovor haben Sie Angst?"

„Ich habe Angst, dass mir das Spaß macht, was der mit mir macht. – Ich weiß, dass der das nicht darf."

„Was macht der denn mit dem Mädchen auf der Leinwand?"

Ich dissoziiere sie absichtlich wieder, um die Schwelle zum Berichten für sie niedriger zu gestalten.

„Der fummelt da unten rum. Das darf der nicht!"

"Wieso darf der das nicht?"

„Ich weiß, dass der das nicht darf! – Der hat seine Hose runter gezogen, und das Mädchen hat auch keine Hose mehr an."

„Vielleicht macht das dem Mädchen Spaß?"

„Nein, das macht dem Mädchen keinen Spaß. Aber das Mädchen hat Angst, *dass* es Spaß macht. Das will sie nicht."

Ganz plötzlich wechselt das Bild: Sie befindet sich als kleines Mädchen im Kinderzimmer in der elterlichen Wohnung. Wieder ist dort der Mann, den sie kennt, aber nicht erkennt. Sie streichelt den Penis des Mannes, gibt sich selbst aber die Assoziation, sie streichele über das Gras ihrer Wiese, und das ist für sie schön.

***

Daniela Schmidt befindet sich in ihrem Kinderzimmer. Sie sieht sich in verschiedenen Szenen im Alter zwischen fünf und achtzehn.

Ein immer wieder kehrendes Bild ist: Der Mann, den sie kennt, aber nicht erkennt, missbraucht sie oral und vaginal. Häufig gibt es dort noch einen anderen Mann, der zuweilen zuguckt, zuweilen sie aber auch penetriert. Sie hat das Gefühl, dass sie auch diesen Mann kennt. Wenn sie den Wünschen der Männer nicht nachgibt, wird sie von dem zweiten Mann geschlagen.

Fast jedes Mal, wenn es eine solche Situation gegeben hat, kommt hinterher, wenn kein Mann mehr da ist, ihre Mutter in ihr Zimmer und tröstet sie. Einmal hat es sogar eine solche Szene mit drei Männern gegeben.

***

In der fünften Therapiestunde liegt sie als kleines Mädchen auf dem schönen Teil ihrer Wiese. Es geht ihr gut. In einiger Entfernung sieht sie den Baum. Er sieht sehr krank aus. Er hat fast keine Rinde mehr, und seine Blätter sind welk. Plötzlich sieht sie durch die wenigen Blätter hindurch das zur Grimasse verzerrte Gesicht ihres Vaters. Sie ist ärgerlich und will, dass ihr Vater sich (seiner Verantwortung?) stellt. Es entwickelt sich eine Kommunikation zwischen ihr und ihrem Vater. Dieser macht ihr unzweideutig klar, dass er nicht aus dem Schutz des Baumes heraustreten werde, weil er sich dann erhängen müsse.

Bilder, die ihren Vater mit dem Baum verquicken, erscheinen ihr öfter. Und mit jeder neuen Erscheinung identifiziert sie ihren Vater mehr mit dem Baum selbst. Schließlich ist sie nach anfänglichem Unverständnis in der Lage, eine glasklare Interpretation der Dinge zu geben:

„Mir ist jetzt völlig klar, dass der Baum meinen Vater symbolisiert. Ich hatte als Kind immer eine große Sehnsucht, mich auf meinen Vater verlassen zu können, quasi auf ihn zugehen zu können, jedoch er hat vor seiner Verantwortung für mich versteckt oder ist davon gelaufen, hat mich missbraucht und sich auch nicht dazu bekannt. Seitdem er weiß, dass ich es weiß, ist er immer kränker geworden. Seine Rinde, also sein äußerer Schutz existiert kaum noch, und er ist mir schutzlos ausgeliefert. Und das macht ihn immer kränker. Und seitdem ich das alles weiß, geht es mir deutlich besser." Die Patientin fügt hinzu: „Ich schlage vor, wir machen jetzt noch einige Sitzungen, in denen wir versuchen, noch einigen Fragen, die ich noch habe, auf den Grund zu gehen. Ich möchte jetzt alles wissen, und ich glaube, ich kann das jetzt verkraften. Viel schlimmer kann es ja kaum noch kommen, nicht wahr?"

„Sie haben die Regie!" ist meine Antwort.

***

Die nächsten Sitzungen zeigen, dass es tatsächlich nicht so leicht ist, wie sich die Patientin das vorgestellt hat.

Sie beobachtet, wie der Baum, der jetzt einen Trauerflor trägt, langsam abstirbt und zerfällt. Sein grünes Kleid hat er längst abgeworfen, und Vögel sind auch nicht mehr in seiner Krone. Diese Bilder machen sie sehr traurig. Sie möchte auf den schönen Teil ihrer Wiese gehen, aber es gelingt ihr nicht. Immer und überall taucht das Gesicht ihres Vaters auf, in dem absterbenden Baum, in den Blüten welk werdender Blumen, ... Sie selbst zieht daraus den Schluss:

„Ich muss mich unbedingt von meinem Vater lösen. – Unbedingt!"

In der nächsten Sitzung sieht sie, dass es dort, wo der Baum gewesen ist, eine kahle Stelle gibt. Die Vögel haben die Wurzeln ausgegraben und alles, was an den Baum erinnern könnte, weggeschafft. Es gibt allerdings einen Raben, der seinen Kopf so verändert, dass er das Gesicht des Vaters trägt. Das macht die Patientin sehr wütend. Sie berichtet schwer atmend, dass sie auf den Raben mit dem Gesicht des Vaters 'einhackt' und ihn tötet. Dann schaufelt sie ein tiefes Loch und begräbt den Kopf des Vaters. Sie sieht sich als kleines Mädchen weinend vor dem Grab stehen. Gleichzeitig sieht sie sich als großes Mädchen teilnahmslos dahinter stehen.

Mit relativ ruhiger Stimme berichtet die Patientin:

„Es kommen viele Vögel, die um das Grab kreisen. Jeder Vogel steht für eine Tat, die er mir angetan hat, und jeder Vogel scheißt in das Grab. Dann fliegt er hoch. Die Schar der Vögel ist jetzt erlöst und glücklich. – Ich brauche das Grab nicht mehr zuzuschaufeln. Die Vögel haben es zugeschissen!"

In der nächsten Sitzung stehen das kleine und das große Mädchen unmittelbar nach der Tranceinduktion an dem zugeschissenen Grab. Sie sind sich einig, dass sie nicht mehr auf dieser Wiese bleiben können:

„Das ist nicht mehr unsere Wiese!"

Sie fliegen gemeinsam auf einen Berg, auf dem ein Gipfelkreuz steht. Rings um das Gipfelkreuz herum ist eine schöne Wiese. Beide Mädchen blicken nach oben und bitten um Hilfe.

Ein Adler kreist über der Wiese, und als das große Mädchen genau hinsieht, sieht sie, dass der Adler das Gesicht ihres Vaters trägt. Sie ist traurig und wütend zugleich, weil sie realisiert, dass sie noch immer vom Vater emotional erreicht wird. Es gelingt ihr, den Adler tot zu schlagen und ihn in dem Grab zu begraben, in dem auch der Rabenkopf begraben ist. Dann pflanzt sie ein Kreuz auf das Grab.

Die beiden Mädchen fliegen wieder auf ihre Wiese auf dem Berggipfel.

In der folgenden Sitzung begeben sich die beiden Mädchen noch einmal zum Grab. Zunächst macht das Grab den Eindruck, als sei es unverändert. Gerade, als die beiden Mädchen hoch auf ihre Wiese fliegen wollen, kommt ein Arm aus dem Grab, und will sie in das Grab hinein ziehen. Das große Mädchen kann das verhindern. Sie wundert sich, dass das gelingt, ohne Gewalt anzuwenden. Lediglich durch Konzentration gelingt es ihr, dass der Arm wieder im Grab verschwindet. Die beiden Mädchen freuen sich darüber, dass der Vater keine Macht mehr über sie hat.

Plötzlich befindet sich ein Embryo unmittelbar neben dem großen Mädchen, welches jetzt achtzehn Jahre alt ist. Dieser erzählt dem großen Mädchen, dass er vor seiner Geburt gestorben sei, weil er nicht hätte gezeugt werden dürfen. Die beiden Mädchen nehmen den toten Embryo mit auf ihre Wiese, nehmen Abschied von ihm und begraben ihn. Sie sitzen dann gemeinsam auf ihrer Wiese und freuen sich darüber, dass sie jetzt frei sind von den schrecklichen Dingen, die ihnen ihr Vater angetan hat. Die kleine Daniela wächst, bis sie die Größe der großen Daniela erreicht hat. Dann vereinigen sich die beiden Mädchen.

In der festen Überzeugung, die nächste Sitzung sei die letzte, kommen wir noch einmal zusammen. Ich habe vor, mit der nunmehr achtzehnjährigen Daniela die einzelnen Stationen der ursprünglichen Wiese und der jetzigen Wiese noch einmal zu besuchen, um sicher zu sein, dass alles in Ordnung ist. Dann soll die Achtzehnjährige sich langsam mit der Patientin vereinen, so dass dann die Patientin geheilt ist, wieder heil ist. – Aber: ...

An der gleichen Stelle, wo der Embryo bei den beiden Mädchen aufgetaucht ist, gesellt sich jetzt zur Überraschung der jetzt zwanzigjährigen Daniela ein lebendiges Baby. Dieses Baby 'erzählt', dass es gleich nach der Geburt adoptiert worden sei und es ihm gut gehe. Die Patientin verfällt in einen Weinkrampf, der in unglaubliche Wut gegen ihren Vater umschlägt.

Ich greife zu dem probaten Mittel der so genannten stillen Abreaktion. Die Patientin imaginiert einen Betonklotz mit dem Konterfei ihres Vaters darauf. Mit einer imaginären Eisenstange schlägt sie darauf ein, bis das Bild ihres Vaters bis zur Unkenntlichkeit zerstört ist. Dadurch scheint sie etwas erleichtert zu sein. Die Tatsache, dass es dem adoptierten Baby gut geht, beruhigt sie dann.

Die Ereignisse dieser Sitzung besprechen wir dann noch ohne Trance eingehend, ehe ich die Patientin entlasse.

Die nächste und unserer Meinung nach letzte Sitzung beginnen wir mit einer ideomotorischen Abfrage, die ergibt, dass noch mehr als eine und weniger als fünf Sitzungen nötig sind. Ein für uns überraschendes Ergebnis!

Wir beginnen damit, die zwanzigjährige Daniela wachsen zulassen, mit dem Ziel, sie mit der Patientin zu vereinen. Allerdings wird der Wachstumsprozess im vierundzwanzigsten Lebensjahr von Daniela unterbrochen. Ich bitte das Unbewusste der Patientin darum, Bilder zuzulassen, die Aufschluss darüber geben, was im vierundzwanzigsten Lebensjahr von Daniela passiert ist, was für die Unterbrechung des Wachstumsprozesses der jungen Daniela verantwortlich ist.

Zunächst einmal erlebt sie, wie sie ihren jetzigen Ehemann kennen lernt. Für sie sehr schöne Erinnerungen! Dann erlebt sie, dass sie erstmalig mit ihrem damaligen Freund und jetzigen Ehemann schläft. Beiden geht es hinterher nicht gut. Sie sind streng katholisch erzogen und haben ein schlechtes Gewissen, weil sie nach ihren Wertevorstellungen eine Sünde begangen haben. Also beschließen sie, schnellstmöglich zu heiraten. Bis dahin leben sie keusch. Der Hochzeitstermin wird von den Eltern von Braut und Bräutigam festgesetzt und liegt ein Vierteljahr später. Unmittelbar nach der Hochzeit stellt ein Frauenarzt eine Schwangerschaft im zweiten Monat fest. Sie erlebt in Trance endlose Diskussionen mit ihrem Mann. Sie sieht sich in der Situation, wie sie beteuert, mit keinem Mann vor der Hochzeit geschlafen zu haben. Im gleichen Augenblick sieht sie den Baum auf ihrer alten Wiese, wie er ekelhaft grinst, und in dem Augenblick ist ihr klar, dass ihr Vater der Kindesvater ist. Die Trancebilder wechseln schnell, aber immer wieder sieht sie Männerarme, die ihren Leib von hinten umschlingen. Schließlich erkennt sie das Gesicht ihres Vaters. Sie weint bitterlich und verlangt nach einem Betonklotz und einer Eisenstange.

Als sie aus der Trance kommt, weint sie wieder. Dann sagt sie:

„Wir haben die Schwangerschaftsursache damals heftig diskutiert, aber schließlich haben wir die Ursache verdrängt, weil wir uns keinen Reim drauf machen konnten. – Ich muss mit meinem Mann darüber reden, dass unser Sohn nicht von ihm ist. – Das wird schwer! – Das wird ihn sehr verletzen!"

Und dann weint sie wieder. Schließlich sagt sie:

„Wie ist es möglich, dass man als erwachsene Frau von 24 Jahren einen Geschlechtsverkehr, durch den ein Kind gezeugt wird, und sogar die Geburt verdrängt?"

Ich sehe sie an und antworte:

„Wahrscheinlich genauso, wie es möglich ist, dass man im Alter von 20 Jahren eine Totgeburt verdrängt! – Ich glaube, die Verdrängung ist eine segensreiche Einrichtung, die verhindert, dass wir permanent mit schlechtem beziehungsweise belastetem Gewissen herum laufen! – Wenn ihr Mann jetzt damit nicht klar kommt, dann schicken Sie ihn zu mir!"

In der Tat ruft mich der Ehemann an und verabredet einen Termin. Ich gebe ihm einen ersten Termin gleich am nächsten Tag. Er ist ziemlich deprimiert. Sein Problem ist nicht, dass sein erster Sohn nicht von ihm ist. Er fühlt sich vielmehr von seiner Frau und von seinem Schwiegervater hintergangen.

„Wie kann ich jemals wieder zu meiner Frau und zu meinem Schwiegervater Vertrauen aufbauen?" beendet er seinen Vortag. In drei Sitzungen gelingt es ihm zu verstehen, dass seine Frau von klein auf gewohnt war, die sexuellen Übergriffe ihres Vaters zu verdrängen und damit aus ihrem Bewusstsein zu löschen, folglich auch die Übergriffe, die sie als Jugendliche und als erwachsene Frau erlebt hat. Er versteht, dass es sich dabei um eine Schutzfunktion des Menschen handelt. Damit stellt die Beteiligung seiner Frau an dem Zeugungsakt für ihn kein Problem mehr dar. Bleibt noch sein Problem mit seinem Schwiegervater! Ich gebe ihm zu bedenken, was ich auch schon mit seiner Frau besprochen habe: Welchen Nutzen bringt es ihm und seiner Familie, wenn er seinen Schwiegervater zur Rede stellt oder ihn gar anzeigt? Eine ausführliche Untersuchung des Risikos und des Nutzens lässt ihn zu dem folgenden Schluss kommen:

„Ich werde nicht zulassen, dass meine Schwiegermutter oder mein Schwiegervater die Schwelle meines Hauses überschreiten. Ebenso wenig, werde ich zulassen, dass eines meiner Kinder seine Großeltern besucht. Und meine Frau und ich sind uns sowieso einig, dass wir den Kontakt zu ihren Eltern endgültig abbrechen. – Ich bin froh, dass meine Kinder von der ganzen Scheiße nichts mitbekommen haben!"

In einer weiteren Sitzung gelingt es, die junge Mutter Daniela Schmidt und die Patientin Daniela Schmidt eins werden zu lassen. Auch die Wiese ist 'geheilt'. Die alte Wiese existiert nicht mehr. Die neue Wiese liegt nicht mehr auf einem Berg, wo sie nur fliegend zu erreichen ist, sondern sie liegt integriert in einer wunderschönen Landschaft ohne irgendwelche 'Besonderheiten'.

Der Versuch eines kurzen Schlussworts

In der Einstimmung sagte ich, ich wolle mit diesem Büchlein Appetit machen und ein Fünkchen von meiner Begeisterung auf den Leser überspringen lassen. Ich gebe mich der stillen Hoffnung hin, dass das mindestens in Ansätzen gelungen ist. Das genau hat jedenfalls der große amerikanische Hypnotherapeut Milton H. Erickson gemeint, als er, der nie selbst etwas zu Papier gebracht hat, nach Aussage seiner Biografen gesagt haben soll:

„Es ist unmöglich, von Hypnose nicht fasziniert zu sein". Und aus dem Kontext geht hervor, dass das sowohl für den Patienten als auch für den Therapeuten gilt.

Aber vielleicht reicht die Lektüre dieses Büchleins bei manchem Leser nicht, *fasziniert* zu sein, sondern nur dazu, sich zu wundern. Auch das wäre ja schon etwas, was auf ein gewisses Interesse schließen ließe. „Sich wundern ist der Anfang aller Wissenschaft" sagt schließlich kein geringerer als Aristoteles.

Ich wünsche Ihnen, liebe Leserin und lieber Leser, dass Sie offen dafür sind, sich faszinieren zu lassen! Und wenn die Lektüre dieses Büchleins bei Ihnen nur zum Sich-wundern reichen sollte, lasten Sie das nicht der Hypnose an, sondern meinem Ungeschick, faszinierend zu berichten, und lesen Sie, was andere Autoren über Hypnose geschrieben haben, zum Beispiel: Brian L. Weiss, *Die zahlreichen Leben der Seele*, ISBN 978-3-442-21751-9.

Von demselben Autor gibt es noch die folgenden Bücher:

Von einem, der auszog,
nicht das Fürchten zu lernen
Zum Arzt gehen oder gesund werden?
Medizin – eine Wissenschaft oder nur ein
Geschäft von Krankheitserfindern?
ISBN 9783839124314

Erlebnisse, Eindrücke, Emotionen
als Lehrer in Ägypten
Ein Blick zurück ohne Zorn
ISBN 9783839102930

Der Junge von nebenan
Die wundersame Entwicklung vom
Prügelknaben zum Demokraten
ISBN 978-3-86850-922-9

Hilfe! Ich muss ins Krankenhaus!
Die absolut unnötigen Leiden des Otto B.
Eine Zeit der Reparaturen
ISBN 9 78344 800875

„Schule ist Scheiße"
Ist Schule schon dem Tod geweiht?
Oder ist sie noch zu retten?
ISBN 978-3-8491-1793-1

Zeitfracht Medien GmbH
Ferdinand-Jühlke-Straße 7
99095 Erfurt, Deutschland
produktsicherheit@kolibri360.de